Urban Claims and the Right to the City

Urban Claims and the Right to the City

Grassroots Perspectives from London and Salvador da Bahia

Edited by Julian Walker, Marcos Bau Carvalho and Ilinca Diaconescu

Photographs by Angus Stewart

First published in 2020 by
UCL Press
University College London
Gower Street
London WC1E 6BT

Available to download free: www.uclpress.co.uk

A CIP catalogue record for this book is available from The British Library.

ISBN: 978-1-78735-565-1 (Hbk)
ISBN: 978-1-78735-564-4 (Pbk)
ISBN: 978-1-78735-638-2 (PDF)
ISBN: 978-1-78735-566-8 (epub)
ISBN: 978-1-78735-567-5 (mobi)
DOI: https://doi.org/10.14324/111.9781787356382

Contents

List of Figures

Notes on Contributors

Marcos Bau Carvalho is a professor at the School of Communication of the Federal University of Bahia, where he is the Coordinator of the Audiovisual Laboratory (LabAV) and a member of the Lugar Comum (Common Place) research group. He is a film-maker with a background in architecture and urbanism, and research interests related to democracy and the right to the city.

Ilinca Diaconescu has a background in urban planning, and a research and practice focus on community participation in planning and decision-making. She has been actively involved in Just Space and is the Policy Officer at London Gypsies and Travellers.

Ana Fernandes is a tenured professor at the Faculdade de Arquitetura, Universidade Federal da Bahia and coordinates the Lugar Comum (common place) research group. Her teaching and research deals with themes related to the right to the city, to urban policies and politics, and to the city as a commons.

Alexandre Apsan Frediani is Associate Professor at the Bartlett Development Planning Unit of University College London (UCL). His research interests include the application of Amartya Sen's Capability Approach in development practice; participatory planning and design; and informal-settlement upgrading. Alexandre has collaborated with grassroots collectives and development agencies across Africa and Latin America.

Gabriela Leandro Pereira is a professor at the Faculdade de Arquitetura, Universidade Federal da Bahia and integral to the Lugar Comum (common place) research group. Her teaching and research deals with themes related to race and right to the city; politics and urban history; and interfaces between textual narratives and visualities as an extended field of urban studies.

Richard Lee is the co-ordinator of Just Space, a London-wide network of community and voluntary groups operating at the local and city-wide scales. Just Space brings together experience and knowledge from London's diverse community organizations in order to influence the strategic plan for the capital – the London Plan.

Barbara Lipietz is Associate Professor at the Bartlett Development Planning Unit, UCL, where she leads the MSc in Urban Development Planning. Her research focuses on the governance of urban transformations, exploring the situated competing discourses and planning practices/mobilizations deployed by various actors to capture or orient urban change in place.

Kamna Patel is an Associate Professor at the Bartlett Development Planning Unit and Faculty Vice-Dean for Equality, Diversity and Inclusion at UCL. Her work draws on anti-racist feminisms to critique urban development and to articulate thoughtful academic practice. She has published on housing, land tenure, race, gender and development studies.

Angus Stewart is a documentary photographer engaged for many years with communities in London, including the burlesque, cabaret and circus communities, focusing on how communities are built over time, by individuals whose friendships have been challenged and proven worthy. Angus has been recognized for his applied documentary photography by the Royal Photographic Society.

Julian Walker is Associate Professor at the Bartlett Development Planning Unit, UCL. He is the Co-Programme Leader of the MSc in Social Development Practice and his areas of research include urban displacement, and the impact of gender and intersectional social relations on development processes.

The descriptions of other authors appear in the texts of their contributions.

Acknowledgements

The publication of this book was only possible with the support of the women and men who provided their advice, their time, access to their networks and their insights. We are particularly grateful to the grassroots activists and community organizers who worked with us, for their support, time, and willingness to introduce us to their daily struggles – this includes both those who are authors in this book, and their wider networks. In Brazil, we benefited from the support of the Grupo de Pesquisa Lugar Comum and its partners, and in particular the inputs of Ana Fernandes, Gabriela Gaia Leandro Pereira, Adriana Nogueira Lima, Aline Costa Barroso, André Luiz de Araujo Oliveira, José Carlos Huapaya Espinoza, Gloria Cecília Figueiredo, Leandro de Sousa Cruz and Mayara Sena Araújo, as well as the students from the extension module on 'Politics, Democracy and the Right to the City' of the Faculty of Architecture of the Federal University of Bahia. In London we were supported by the Just Space network and the Reclaim Our Space Coalition, and in particular Richard Lee and Yvonne Field, who provided editorial support and guidance, as well as students from the MSc in Social Development Practice and the MSc in Urban Development Planning of the Bartlett Development Planning Unit, of University College London, and their Programme Leaders, Alexandre Apsan Frediani and Barbara Lipietz. We would also like to thank Vanessa Mendes, who took on the huge task of translating this book as well as supporting the fieldwork; and Aciel Alves de Jesus, who translated discussions with authors and supported the photographic shoots in Brazil. We are also grateful for financial support for the research on which this book is based from the UCL 'Liberating the Curriculum' programme.

Preface

Gabriela Leandro Pereira

Although the Brazilian and English contexts are distinct in many ways, the city, in both countries, represents a territory of countless disputes and struggles for a dignified existence. Although specific, the approaches that the groups and communities affected by these processes in Salvador and London have devised to make urban life viable reveal, in addition to differences, some features of similarity and reciprocity in their aims, their strategies and the methods they have created to face the asymmetric and complex relations of force and power that affect their cities.

The movements and groups involved in this book link the Lugar Comum (Common Place) Research Group (FAUFBA / Salvador-Brazil) and the Just Space network (London, UK) as partners in a common quest for claims and actions towards the acquisition of rights, yet differing in their institutional structures and spaces of action. Lugar Comum is institutionally linked to the Federal University of Bahia – that is, a public university – which fulfils its social function through a commitment to academic practice which values the democratization of access to the city, and the expansion of social rights which have not been fully realized in Brazilian society. Just Space, in contrast, is an informal alliance of groups, campaigns and independent organizations that have come together to intervene in London's urban planning.

This publication, then, brings together various ideas of the 'right to the city'. They include those ideas which are mobilized in the challenges and protest initiated by the leaders and members of the social movements, and groups and collectives that engage in resistance in the two capitals; those that arise from the reflections of the co-ordinators of the Lugar Comum and Just Space groups; and those elaborated by scholars involved in urban debates at the Federal University of Bahia and University College London. Bringing the discursive narratives of those directly, and daily, affected by the exclusionary mechanisms of neoliberal city production side by side with those elaborated through theoretical and practical knowledge production in a reflexive academic environment shows that the meanings and uses of the 'right to the city' cannot be settled. This way of presenting these ideas makes these definitions and concepts overflow out of comfortable, safe spaces, and points to the need to build shared epistemologies and grammars that engender more plural and democratic perspectives, thus reformulating and updating urban agendas and urban studies.

Introduction

Marcos Bau Carvalho, Ilinca Diaconescu, and Julian Walker

This book explores how contested processes of urban development, and the rights of city dwellers, are understood and interpreted. It aims to do so, however, from the perspectives of women and men who are working in different ways at the urban grassroots on issues related to housing and spatial rights, as well as identity struggles around race, gender, disability, sexuality, citizenship and class.

This grassroots point of view should make a central contribution to the field in which academics and students engaging with issues of urban development and social justice work. However, while the lives and struggles of grassroots urban activists are often documented and analysed in academic literature, this is frequently through depictions and interpretations by academics rather than through making space for the voices and viewpoints of grassroots women and men themselves. Furthermore, while there is now a well-established field of participatory development research in which the people who are the objects of study are involved in research processes, such participatory research nonetheless still focuses generally on participants' lives, experiences and opinions, but has less focus on their ideas and their analysis (i.e. their contribution to theory and to conceptual debates about urban development). Where such points of view are reflected in research they are often presented as 'voices from the margin' of the discipline. We would argue that these views and experiences should in fact lie at the heart of our field.

Privileging academic interpretations of development processes and of inequality has historically been justified on the basis that academic research can give a more objective and 'scientific' analysis of social processes. However, today this idea of the rational, neutral academic is increasingly questioned. Furthermore, in recognizing the power dynamics inherent in the production of knowledge, there are concerns that over-emphasizing academic interpretations of the world can eclipse the views of the citizens whose experiences are under analysis. This is particularly the case where the citizens in question hold identities that are commonly marginalized or devalued. Clearly this is a major problem where the focus of research itself is the experience of inequality, and of having a subaltern identity.

Thus, while academic research undoubtedly has an important contribution to make in, for example, having access to spaces for wider, more systematic, analysis across specific spaces and experiences, this should not be the only interpretation of reality brought to the study of urban processes. In this vein, this volume aims to present the direct voices and interpretations of those involved (as activists and project workers) in grassroots struggles about identity rights and urban spaces. We hope that this can act as a resource for those studying urban development, meaning that in addition to drawing on and citing the views of academics, those working in the field can also cite actors from the grassroots.

In this light, the concrete aim of this project is to produce a series of narratives in which grassroots activists and professionals from two contexts explain how they understand and experience a number of development concepts, and choose a set of photographic images which they feel illustrates their approach to the concepts. The contexts from which the narratives are drawn are Salvador da Bahia in Brazil, and London in the UK, which, while very different in their histories, cultures and economies, are both characterized by growing inequality, and processes of gentrification and displacement, which create a number of common urban struggles.

By *development concepts* we mean the ideas that are used to structure the way that we see and understand the world and the processes of change happening within it. Such concepts have both a descriptive element (revealing how things are) and a normative element (proposing how things should be). They are important because they influence the kinds of interventions that are made – for example, in urban-development and city-governance processes. They are also paradigmatic, meaning that certain ideas and framings dominate in particular places, periods or disciplines. However, dominant conceptual framings frequently exclude the interpretations and values of women and men who exist outside the recognized spaces of knowledge production, such as universities, or who do not fit the ideal type of 'knowledge producer' or what they should look like (expressed in terms of race, class, gender, ability and other such factors). This is problematic as development concepts from such privileged points of view will describe the world in a particular way from a particular point of view, and will make normative proposals based on a particular set of values.

The concepts addressed in this volume include some which are arguably paradigmatic in the field of urban development, including Lefevbre's concept of the *right to the city*, and also concepts which are critical in shaping the normative framing of urban-development interventions (for example, the idea of the *common good*). The narratives also explore concepts proposed by the grassroots activists involved in the research, which may fall outside the mainstream academic conceptual terrain but are important and motivating concepts within grassroots work (for example, the concepts of *hope*, *ubuntu*, or the *right to memory*, which were selected by some of the interviewees).

The grassroots activists and professionals who have participated in the project were drawn from two networks that each bring together organizations and activists working around issues of spatial justice in their cities: **Lugar Comum** in Salvador da Bahia and **Just Space** and the **Reclaim Our Spaces Coalition** in London (more information about these networks is provided in the following sections). Both of these networks had an existing relationship with the students and academics involved in this project through ongoing research collaboration. In Brazil Lugar Comum conducted a shared research project with its network of students from the Federal University of Bahia and the MSc in Social Development Practice of the Development Planning Unit, University College London (UCL). Similarly in the UK, Just Space and its networks, including the Reclaim Our Spaces Coalition, is involved in an ongoing research collaboration with students of the MSc in Urban Development Planning of the Development Planning Unit, UCL.

This project worked with specific member organizations of these two networks in Brazil and London, comprising a wide range of groups, including combinations of non-governmental organizations (NGOs), community-based organizations, protest groups, cultural organizations, and occupations of land and housing. The specific woman or man interviewed in each case was proposed by each of the groups involved. As described in the background for each case, the interviewees are either activists (mobilizing on behalf of their interest group in an unpaid capacity) or professionals (employed to support a particular group or struggle) or, in many cases, both at once.

Brazil	London
• Acervo da Laje • Associação Amigos de Gegê (Moradores da Gamboa de Baixo) • Associação dos Moradores e Amigos do Centro Histórico (AMACH) • Associação de Moradores do Loteamento Nova República • Grupo Cultural Arte Consciente • Ocupação Luísa Mahin/ Movimento de Luta nos Bairros, Vilas e Favelas (MLB) • Ocupação Força e Luta Guerreira Maria/ Movimento Sem Teto da Bahia (MSTB)	• Inclusion London • Latin Elephant • LGBTQ+ Spaces • London Gypsies and Travellers • Migrant Rights Network • Ubele initiative

The project

As discussed above, this book draws on a research project structured around a series of interviews and a photographic project, conducted with grassroots activists and/or professionals. Each interview was structured around three concepts. In each case:

- One concept was selected by the interviewee. We asked the interviewees to discuss a concept that they see as core to their work, as a key idea/organizing principle of their group, or as one of the issues that they mobilize around or against.
- One concept explored by all of the interviewees was built around the idea of the right to the city. This is currently a key paradigmatic concept in academic fields relating to urban (in)equality. In London, members of the Just Space network argued that the terminology of the right to the city is not familiar to the grassroots groups in their network. They suggested that we instead use the term **reclaim our spaces** as a concept that is linked to the ideals of the right to the city but has also been used as a rallying principle in the Just Space networks, and is therefore an idea that the London

interviewees already have a clear stance on. In Brazil, on the other hand, we explicitly explored the term 'right to the city'. This made sense as the interviewees were already familiar with the concept, which has been a key focus of Lugar Comum's work. It focuses explicitly on wider Brazilian civil-society activism and has been enshrined in Brazilian human-rights laws such as the Statute of the Cities (2001).

- One concept in each interview was selected by students from University College London and the Federal University of Bahia who participated in the research. Students were asked to pick a concept that they would like to further explore from a distinctly grassroots perspective. In London, students from UCL's MSc in Urban Development Planning and MSc in Social Development Practice attended a workshop on the research, during which they agreed on the *Common Good* as a concept that they would like all of the London interviewees to be asked to explore. In Brazil, students from UFBA and UCL were working together with the seven Brazilian organizations covered by this research in May 2017 (as part of an action research project with Lugar Comum). In this case each group of students defined a concept that they would like to have defined/explained by their partner organization.

The three concepts formed the basis of the discussion with the authors of the following sections about how they interpret each of these ideas and use (or don't use) them in their work and campaigns.

Lugar Comum, Salvador, Bahia

Ana Fernandes

Founded in 2011, the Lugar Comum (Common Place) Research Group, based in the Faculty of Architecture of the Federal University of Bahia, has been working with communities and popular 'occupations' (squats) to collectively develop neighbourhood plans through the medium of extension projects. It aims to resist evictions and the negative effects of high-class real-estate projects.

Figure 2.1: Map of the seven grassroots organizations working with Lugar Comum that were involved in this research. © Lugar Comum.

The interaction between teachers, students and members of social movements through these extension activities was strengthened by the production of the Saramandaia Neighbourhood Plan, initiated in 2012. Through this process, local community organizations coalesced and formed the Network of Associations of Saramandaia to collaborate on a series of 'planning experiments'. Over a period of four years, residents and researchers strategically mounted (with some success) interventions in the development of the neighbourhood by openly supporting business interests that were threatened by public authorities.

In 2014 Lugar Comum began developing a neighbourhood plan for 2 de Julho (2 July), an area of the old centre of the city that was threatened with urban-regeneration projects featuring the intrusion of large private enterprises and the expulsion of existing residents. Both of these neighbourhood-plan projects were developed by Lugar Comum with financial support from the Ministry of Education, which supports university extension activities.

These plans led to proposals that aimed to minimize the impact of real-estate speculation and facilitate access to decent housing and serviced land, mobility, equipment and public spaces. The plans also sought to boost employment and income generation, and reverse environmental impacts. In this vein, Lugar Comum has brought three conceptual areas into tension through its activities: the understanding of the 'urban' as a space of conflict and creation; urbanism as the power of the commons; and the production of rights and urbanity, or the right to the city, from a multifaceted and transitive perspective.

Conflict and creation results from the understanding that the urban is constituted in a circuit, with chains of cooperation and reciprocal dependence on collective life, unsettled by unequal relations and force. Shifting from understanding urbanism as a supposedly scientific endeavour to recognizing its imminently political character, which confronts its state and corporate forms, reveals it as a site of possibility for the construction of the commons.

In 2014 we started the Vazios Construidos (Empty Buildings) project, developed with the École Polytechnique Fédérale de Lausanne (Switzerland). Working with urban collectives struggling for housing, especially the Homeless Movements of Bahia (MSTB), Vazios Construidos sought to develop proposals for socially just uses of the many empty spaces dotting the centre of the city of Salvador, which remain empty despite being easily accessible and serviced with infrastructure.

As Lugar Comum has grown, sharing its experiences, contacts and interests in new projects, the partnership between the university, social movements and community organizations has expanded. Consequently, many other social actors are starting diverse activities with members of the research group.

The academic visibility of the group has been realized through its members' participation in key architecture and urban-planning interventions, as well as urban-planning discussion forums. We are increasingly cooperating internationally, with the École d'Urbanisme de Paris (Université Paris-Est Marne la Vallée), the Bartlett (University College London) and the École Polytechnique Fédérale de Lausanne. There is also social recognition of the research group in the field of urban planning and social-interest urbanism, through increasing collaboration with entities such as the Public Prosecutor's Office, the Public Defender's Office, resident associations and city council committees.

Thus, understanding knowledge as an intervention in real life, the activities of the Lugar Comum research group are always part of a critical paradigm, in which theory and our involvement with assorted social actors are linked. This means moving through multi-centric situations and betting on building alternative spatial proposals, which can open up other possibilities for public and collective action aimed at a common urbanism in the city.

Thus, since it was set up, Lugar Comum has sought to explore different ways of carrying out urban planning and designing projects, especially at the scale of the neighbourhood, which we understand as a scale of politics, law and experience. Through developing neighbourhood plans, we seek to make these spaces and their inhabitants visible, perceptible and audible, with their own dialogical formulations. This means being able to interact with multiple socio-political-cultural strata and existential scales towards a just and democratic constructed and urban space.

More recently, working with the Development Planning Unit of University College London, our engagement has expanded to investigate 'instruments for collective action', a notion that we formulated as an alternative to the inadequacies of state instruments and their constant threats to destroy or destabilize vulnerable collective life. In our belief that collaboration between two universities that are so disparate in their positions in the global system should promote equality, equity and reciprocity in their relations, our focus on these instruments as a common space for reflection is guided by a quest to build interaction and symmetry into the construction of knowledge in the context of unequal relations. It promotes a close and non-hierarchical relationship between universities, movements and collectives wishing for greater autonomy and redefining relations between rulers and citizens, in order to respond to demands for collective rights, reorient public policies and the distribution of resources, and to open and expand perspectives on the radicalization of democracy and symbolic insurgent regimes. The neighbourhood plans include instruments such as popular expertise, social and symbolic registration, and public–popular partnerships, with a view to constructing a common platform for the city, which brings together this set of experiences and alternatives for collective life based on solidarity.

Just Space, London

Richard Lee

Just Space (justspace.org.uk) is a network of local and London-wide metropolitan groups campaigning on planning issues – housing, the local economy, transport, environment and the rights of minorities, especially of working class and low-income groups. Activists and groups support each other in influencing formal plans and policies at scales ranging from metropolitan through to municipal and local. A zoomable representation of Just Space's relationship with other London organizations and networks is too large to include here but can be seen at https://kumu.io/justmap-eu/grassroot-london.

This informal alliance of community groups and citizens' campaigns first came together in 2006. It formed at this time to act as a voice for Londoners at grassroots level during the production of London's major planning strategy, the London Plan. The London Plan had been issued for the first time in 2004 under the new London government structure (the mayor and the Greater London Authority). Just Space came together to challenge, at the city-wide level, the domination of this new planning process by developers and public bodies, the latter themselves heavily influenced by property-development interests.

Just Space feels that the London planning system only pays lip service to its commitment to community participation. The planning system has a direct impact on local communities but the planning process is technical, detailed and often daunting for the majority of people, even though the issues themselves are readily understood. The aim of the Just Space network is therefore to improve public participation in planning to ensure that policy is fairer towards communities.

The Just Space network brings together a wide range of groups, some with a London-wide remit such as Inclusion London, London Gypsies and Travellers, London Tenants Federation, the London Forum of Civic and Amenity Societies and Friends of the Earth. Others are locally based community groups, such as Latin Elephant and Ward's Corner Community Coalition. These groups support and learn from each other. They collaborate and coordinate in making representations to planning authorities, and share research and experience through workshops and publications. A zoomable map showing the geographical distribution of grassroots groups working for a fairer London and linked to Just Space and its partner networks can be seen at https://justmap.carto.com/builder/d629a9e3-d799-4f57-a2fc-78f46746df44/embed

The Network also has links with some of the universities in London (including University College London) where staff and students provide research that the network presents alongside its own grassroots evidence at London Plan hearings or in other contexts.

Community groups are often left feeling frustrated in their interactions with researchers. The community shares its valuable knowledge and experiences and then hears nothing further from the academics. So Just Space and university staff developed a protocol on research collaboration to ensure that research is adjusted to meet the needs on the ground, that copies of findings/results are given to the community groups, and that community groups are compensated for giving their time. For Just Space, it is important that researchers do not speak on behalf of communities but give spaces where people can have their own voice, and that the language and concepts used by academics are not imposed on communities. For example, the language of 'the right to the city' is not used in the London grassroots context.

As a result of this engagement with the London planning system, Just Space's members have come to understand how political these technical, spatial-planning documents are, and how important they are for many of the key issues the member groups are focused on, such as health inequalities, targets for social housing and protecting green spaces and biodiversity.

In 2016 Just Space produced 'Towards a Community-Led Plan for London'. Three major conferences and many working-group meetings produced policy proposals for the future planning of London based on a huge amount of experience and know-how from London's diverse community organizations. The need to measure and evaluate the impacts of development proposals on existing communities was identified as a key requirement for socially just planning. The proposal is for Social

Impact Assessments, which will identify key social indicators with the full involvement of local community networks, and then score development proposals against these indicators in discussion with local communities. Just Space is reflecting on how to further develop this tool.

The Just Space network continues to build contacts with communities that have not been much engaged with planning. For example:

- Coordinating an event for equalities groups during the consultation on the draft London Plan
- Mapping community centres that are owned or managed by Black Asian and Minority Ethnic (BAME) communities to make these visible and supported, and less threatened by development pressures
- Supporting housing co-operatives and pitches for Gypsies and Travellers
- Working with universities to research the social value of traditional street markets
- Organizing meetings with the Greater London Authority to stop the destruction of industrial workspaces

Ultimately, Just Space rests on giving voice and agency to the grassroots in the planning of London at the local and city-wide levels.

The context of urban struggles in Salvador

Marcos Bau Carvalho

Since the nineteenth century, with the independence of Brazil, the legal (but not de facto) abolition of racialized slavery and the subsequent consolidation of extreme social inequality, Brazil's main cities have grown in a vertiginous, unsustainable and undemocratic way.

At the beginning of the twentieth century, the city of Salvador was the financial capital of agricultural production of the state of Bahia, but from 1940 the old rural production areas became less attractive to the labour force, who moved instead to Salvador. Between 1940 and 1950 the city's population grew from 290,000 to 417,000 (IBGE, 1936: 46; 1950: 35) without the minimum economic conditions needed to absorb this surplus labour force (Lima Sampaio, 1999). More and more informal and low-income settlements emerged in the city, and the organization of urban space was marked by exclusion and social segregation.

With the political programme of grassroots reform in Brazil from the 1950s to the 1960s, urban problems became part of the distributive-justice debate. But with the 1964 military coup, all political efforts towards significantly improving urban living conditions were stifled and replaced with the technocratic bias of the dictatorship, which was steered by the economic demands of large business interests.

In Salvador, while there were some examples of policy development and socially ambitious plans by the local public administrations, only some of these proposals were enacted (Lima Sampaio, 1999), particularly those that served private interests, with an emphasis on opening up new transport corridors and developing real-estate markets in extensive areas of as yet unoccupied urban land. In this way, urban interventions remained detached from what could be called democratic participation in the planning process, and what we now understand as the right to the city.

The exclusion of the general population from public policies of urban interventions during the military dictatorship can be seen in the promulgation of Law No. 2.181 / 68, known as the 'Urban Reform', whereby almost all land located within the municipality, and in public ownership, could be indiscriminately sold, allowing for the acquisition of large tracts of land by the private sector at derisory prices (Lima, 2007). This has led to a shift in the power to develop the city from public actors to the private sector, with the result that social goals such as housing, transportation, health and education are not pursued effectively.

The creation of the Administrative Centre of Bahia (CAB) in the early 1970s was another landmark in the predatory urban politics of Salvador. This project was carried out in just 18 months without any input from the population, and allowed for the relocation of the main state institutions, which had been located in the historical city centre, to a huge area of vacant land recently acquired from City Hall at a ridiculously low price by large real-estate developers, exploiting the opportunity of the promulgation of the (previously mentioned) Urban Reform Law of 1968. The development of the CAB led to a huge growth in the land values of large empty areas of the city, and thus the development of multiple informal settlements in surrounding areas such as those presented in this book (Nordeste de Amaralina, and Saramandaia). On the other hand, it also had a profound impact on the chain of events that led to the historic centre of the city (the location of Gamboa de Baixo, Pelourinho and Comércio) emptying out and becoming derelict.

The various arms of the Brazilian state have distanced themselves from the problems and specific urban demands of popular society. With the beginning of a political opening-up, and the increasingly acute social needs of the 1970s and 1980s, a number of social movements came together with the purpose of promoting the re-democratization of the country. Various aspects of the struggle for the right to the city were brought to the stage, and social movements politicized an agenda of demands around access to housing and public services in the growing cities. In 2001, after almost 10 years of policy development, the Statute of the City, a key framework for the regulation of the urban-policy chapter of the Brazilian Constitution of 1988, was ratified and entered into force in Brazil.

The City Statute (Governo do Brasil, 2001) and the resolutions resulting from it are the response, in the form of law, to the societal demands for the right to the city, in contrast to the traditional speculative hegemony of the real-estate market. Paradoxically, the establishment of this legal framework has not, in fact, guaranteed any redistributive trend in the management of cities. The timid changes in federal policy on city management demonstrated in the Workers' Party's presidential mandates issued between 2003 and 2016 did not significantly address urban social inequalities in the country.

The current situation in Salvador is a consequence of the historic and visible victory of a small economic elite and of the lack of attention given to the claims of large portions of the population, thus keeping the vast majority of citizens excluded in terms of their right to the city. The social movements documented in this book are expressions of current urban struggles in this city, and of human resilience in the search for dignity and the expansion of democracy.

References

Governo do Brasil. 'Estatuto da Cidade: Lei N° 10.257, de 10 de julho de 2001'. Accessed 7 August 2019. www.planalto.gov.br/ccivil_03/leis/leis_2001/l10257.htm.

IBGE (Instituto Brasileiro de Geografia e Estatística). *Anuário Estatístico do Brasil*. Rio de Janeiro: Instituto Brasileiro de Geografia e Estatística, 1936.

IBGE (Instituto Brasileiro de Geografia e Estatística). *Anuário Estatístico do Brasil*. Rio de Janeiro: Instituto Brasileiro de Geografia e Estatística, 1950.

Lima, Gisele Oliveira. 'Baixa do Marotinho, a luta pela moradia em Salvador'. In *Anais do IV Simpósio Nacional Estado e Poder: Intelectuais*. Universidade Estadual do Maranhão, 2007.

Lima Sampaio, Antonio Heliodório. *Formas urbanas: Cidade-real e cidade-ideal: Contribuição ao estudo urbanístico de Salvador*. Salvador: Quarteto Editora, 1999.

The policy context for housing and urban struggles in London

Richard Lee

Since the ascendancy of neoliberal policies in the 1970s, we can see privatization, deregulation and financialization at work in the UK housing system. The financial sector and financial relationships have become ever more dominant, with local authorities and housing associations thinking of public land and social housing as financial assets rather than as providers of social needs.

During this period, the UK has shown the strongest long-term growth of average house prices among all the Organisation for Economic Co-operation and Development (OECD) countries and also has the most highly developed investment-property market in Europe. However, that average masks huge regional variations. Thus analysing publicly available housing data,[1] Edwards (2016) has shown that average house prices in London and the South-East region are 10–16 times the average annual household income, while in poorer cities of England, Scotland and Wales the ratio falls to four or five years' income.

The UK's housing problems reflect a distinctive and strong British form of private land ownership. Governments of both the main political parties have given strong support to the spreading of individual owner-occupation and done little or nothing to sustain or expand the availability of council or housing-association accommodation. The combined effect of these processes has made the UK's housing system an engine of growing inequality, concentrating wealth in the hands of landowners, landlords and established owner-occupiers (and the developers and financial institutions integral to the process), at the expense of tenants, new buyers and the homeless.

By 1981 social rented (non-market) housing, built during the twentieth century by councils and housing associations, made up a third of all households, and higher proportions in many cities. But from the early 1980s onwards social-housing production was virtually halted and the existing stock was steadily run down, mainly through the Right to Buy policy promoted so strongly by Margaret Thatcher in order to spread individual owner-occupation, and kept in force by subsequent governments of both parties, but also by privatization, stock transfer and demolition. Social rented housing now makes up 17 per cent of households[2] (Ministry of Housing, Communities and Local Government, 2019).

Access to social housing has been further undermined by the decision to abandon concepts of affordable housing that relate rents to incomes and to create a new term, 'affordable rent', defined as up to 80 per cent of local market rents. This has not only been applied to new housing. Recently, there has been the switching of tenancies in the socially owned stock from social rents to the much higher 'affordable' rents or even to market rents.

There is a substantial part of the population whom 'the market' will never be able to house as their incomes are too low or too insecure. But the escalation of house prices has also affected those with middle incomes who would previously have expected to enter owner-occupation.

These people, along with those excluded from social housing, have no choice but to rent in an expanding private rented sector (PRS), the profitability of which has attracted a lot of new investors, including Buy-to-Let landlords. Many UK residents are spending half or more of their income on housing rents, yet the private rented sector offers very poor security, short leases, unregulated rents and – in many cases – poor health-and-safety conditions.

The main response of politicians and think tanks has been to ignore the widening inequalities and the role and responsibility of financialization in producing the housing crisis. Instead they have focused overwhelmingly on the need to build more and more houses for sale in the open market while 'affordable' housing has been entirely emptied of any meaning. Political parties and their manifestos compete over targets for housing output rather than the affordability of the homes being built.

Housing development is packaged as 'regeneration' bringing benefits to local communities, but in many cases it is gentrification under a different name. With the introduction of expensive housing into an area, land values rise placing pressure on existing uses. It is not only low-cost housing that is lost, but also small business space and community facilities. Existing residents and traders are priced out of the neighbourhood and forced to move to other areas.

Successive mayors of London have heralded its status as a 'global city'. But the wealth being generated masks the production of poverty and widening inequalities. London has the lowest levels of well-being and life satisfaction and the highest level of income inequality in the UK (Wilkinson and Pickett, 2009).

Black and minority ethnic groups, LGBTQ+, Gypsies and Travellers, the young and working-class communities are left disadvantaged by London's development model. This failure to deliver economic, social and environmental benefits fairly has provoked struggles by social movements that are documented here.[3]

Notes

1 The annual *Ministry of Housing, Communities and Local Government English Housing Survey Headline Report*, and *UK House Price Index, Office for National Statistics, quarterly reports.*

2 According to the same survey, 64% of households in England are owner-occupiers, from a peak of 71% in 2003. The private rented sector is 19%, doubling in size since 2003. In London, the private rented sector is 30%, owner-occupiers 47%, social rented 23%.

3 For more information about inequalities generated by the UK housing market see: Wilcox, S. and Perry, J., *2019 UK Housing Review*. London: Chartered Institute of Housing; and Cheshire, P. and Hilber, C. 'Housing in Europe: A different continent, a continent of differences', *Journal of Housing Economics* 42, 1-3, 2018.

References

Edwards, Michael. 'The Housing Crisis: Too Difficult or a Great Opportunity?', *Soundings: A Journal of Politics and Culture* 62 (2016): 23–42.

MHCLG (Ministry of Housing, Communities and Local Government). *English Housing Survey Headline Report, 2017–18*. London: Ministry of Housing, Communities and Local Government, 2019.

Wilkinson, Richard and Kate Pickett. *The Spirit Level: Why More Equal Societies Almost Always Do Better*. London: Allen Lane, 2009.

Centring the margins: knowledge production and methodology as praxis

Kamna Patel

From where do we look upon the world and from where do we understand what we see? These questions demand we interrogate the role that is played by geography, our socio-economic position in society and our race and gender in the production of knowledge. The idea of 'centring the margins' evokes the geopolitics of knowledge in decolonizing debates, in which the West and Western academy are seen to constitute an imperial core, setting the limits and values of knowledge and marking themselves as knowledge creators in contrast to peripheral non-Western countries and people who serve as subjects of knowledge (Mignolo, 2002). Reorientating our expectations and imaginations of the geographical sites of knowledge production is part of an essential redress to the powers of colonialism and imperialism, and their legacies in determining which knowledge is worth knowing and who is marked as knowledgeable.

Alongside this geographical (re-)orientation, 'centring the margins' means seeing and understanding that epistemological differences exist and affect what knowledge is produced. Feminist geographers have long argued that all knowledge is situated and that continuous acts of reflexivity are necessary to see the power and position of the researcher vis-à-vis the researched, a relationship that determines what is known, analysed and subsequently conveyed (Rose, 1997). In development research particularly, where power differentials between researcher and researched are so pronounced, such reflexive acts reveal the ways in which accounts of people and places are always partial (Sultana, 2007; Giwa, 2015).

Questions of positionality and reflexivity in knowledge production, however, are not just methodological or ethical points of query, they concern the politics of representation. Where representation is understood as 'speaking for', a postcolonial critique interrogates who speaks for whom, on what basis (i.e. what is *actually* heard?), in what historical and structural context and to what effect (Spivak, 1988). These questions cannot be asked or answered without considering race and gender (or imperialism and patriarchy) as regimes of power that govern the politics of representation (Jazeel, 2019). Additionally, postcolonial scholars would remind us that even partial and situated accounts of people and places can become defining in such politics of representation, where voices from the margins are heard only through interlocutors at the centre.

Decolonial and postcolonial scholarship illuminates how and why the centre produces select narratives of place, and is attentive to the danger that these become *the* narrative (Bhambra, 2014). So, for example, 'London is a wealthy, global city that is multicultural' becomes a narrative that obscures deep structural inequalities that manifest along race, ethnic and ableist fault lines and obfuscates the role of Empire and its logic of racial-social hierarchies in producing and maintaining inequality.

Work to centre the margins in knowledge production is essentially a project of political transformation and liberation led by bodies typically represented (also 'spoken for') in research as the 'development-subject' or 'other'. In her book, *Feminist Theory: From margin to center*, bell hooks (2000 [1984], p. xvi) writes, 'To be in the margin is to be part of the whole but outside the main body.' In this seminal call to theorize the lived experiences of working Black women and women of colour, hooks shows how mainstream feminist theory – considered radical and progressive by privileged white women and their allies – was incomplete and therefore worked against the interests of those at the margin. Hooks does not issue a call for mainstream feminists to reorient their research and rework their theories with new participatory methods of enquiry. Instead, they are tasked to listen, more carefully than they had, and to interrogate how they have listened in the past. For voices from the margins have always spoken, conceptualized their lived experiences and cast a thoughtful lens through which space, politics and power can be read.

This is not to suggest a purity of voice exists by virtue of living and being at the margin. Rather, hooks (2000 [1984]), her contemporaries and those who have come after (Crenshaw, 1991; Collins, 2000 [1990]) acknowledge and guide the hard intellectual work that needs to be done by people at the margin to capture and theorize the lives they live and the spaces they occupy. It is in this work that research methodology is praxis and where marginalized bodies practise methods to both self-represent and produce alternative textual and visual representations.

A noteworthy method in critical race studies (CRS) (a field that claims the work of hooks, Crenshaw and Collins) to produce textual representations from people at the margins is narrative and counter-narrative. Richard Delgado, a founding theorist of CRS, makes the case for narrative research most compellingly. He says of scholars using narrative research, that they are

> loosely described as outgroups, groups whose marginality defines the boundaries of the mainstream, whose voice and perspective – whose consciousness – has been suppressed, devalued and abnormalized. The attraction of stories [narratives] for these groups should come as no surprise. For stories create their own bonds, represent cohesion, shared understandings and meanings. The cohesiveness that stories bring is part of the strength of the outgroup. An outgroup creates its own stories, which circulate within the group as a kind of counter-reality.
>
> The dominant group creates its own stories, as well. The stories or narratives told by the ingroup remind it of its identity in relation to outgroups, and provide it with a form of shared reality in which its own superior position is seen as natural. (Delgado, 1989, 2412)

While narratives serve to build bonds and give legitimacy to lived experiences, the purpose of narratives from Delgado's 'outgroups' or the people at hooks's 'margin' is not to produce narratives in isolation of the wider political context that marginalizes the narrative and the story-tellers in the first place. In this method, voices from the margins are not one set of many voices that exist, but a voice that is systematically and routinely silenced in favour of another narrative produced by dominant groups. As Delgado reminds us,

> Stories and counterstories can serve an […] important destructive function. They can show that what we believe is ridiculous, self-serving, or cruel. They can show us the way out of the trap of unjustified exclusion. They can help us understand when it is time

> to reallocate power. They are the other half – the destructive half – of the creative dialectic. (Delgado, 1989, 2415)

Reading the stories or narratives of people in their own voice and their own language serves as a counter-narrative that allows us, the reader, to see unjustified exclusion.

A second noteworthy method of producing alternative visual representations is photography. Photography as method is part of a suite of visual methods in social research that includes diagrams, films, maps and drawings. Visual methods and methodologies that serve to gather and validate data can be particularly valuable in qualitative research where one seeks to capture subjectivities (Rose, 2016). This rationale is present in development-focused research, especially in the sub-fields of gender and development and community-led development. In this context, where there may be low levels of literacy, photography is a particularly accessible medium that can reach marginalized people and evocatively capture their ways of seeing to aid a nuanced understanding of people's lives (McEwan, 2006). The content of a photograph, in development research, also bears witness to material inequality and struggles. Thus, the work of a photograph is both an allegorical and a literal invitation to see the world through another's perspective. While this can be valuable in its own right, CRS scholarship reminds us to bring such images into productive dialogue with mainstream visual representations and to unpack the reasons why they are dominant.

Reading counter-narratives and seeing alternative photographs requires acts of reflexivity on the part of the reader. So we may meaningfully query from where do *we* look upon the world and understand what *we* see? Only through such acts are we able to recognize the power of our role as knowledge consumers and our complicity in co-producing, and power to reorientate, margins and centres.

References

Bhambra, Gurminder K. 'Postcolonial and Decolonial Dialogues', *Postcolonial Studies* 17, no. 2 (2014): 115–21.

Collins, Patricia Hill. *Black Feminist Thought: Knowledge, Consciousness, and the Politics of Empowerment*. 2nd ed. New York: Routledge, 2000.

Crenshaw, Kimberle. 'Mapping the Margins: Intersectionality, Identity Politics, and Violence against Women of Color', *Stanford Law Review* 43, no. 6 (1991): 1241–99.

Delgado, Richard. 'Storytelling for Oppositionists and Others: A Plea for Narrative', *Michigan Law Review* 87, no. 8 (1989): 2411–41.

Giwa, Aisha. 'Insider/Outsider Issues for Development Researchers from the Global South', *Geography Compass* 9, no. 6 (2015): 316–26.

hooks, bell. *Feminist Theory: From Margin to Center*. 2nd ed. Cambridge, MA: South End Press, 2000.

Jazeel, Tariq. *Postcolonialism*. London: Routledge, 2019.

McEwan, Cheryl. 'Using Images, Films and Photography'. In *Doing Development Research*, edited by Vandana Desai and Robert B. Potter, 231–40. London: SAGE Publications, 2006.

Mignolo, Walter D. 'The Geopolitics of Knowledge and the Colonial Difference', *South Atlantic Quarterly* 101, no. 1 (2002): 57–96.

Rose, Gillian. 'Situating Knowledges: Positionality, Reflexivities and Other Tactics', *Progress in Human Geography* 21, no. 3 (1997): 305–20.

Rose, Gillian. *Visual Methodologies: An Introduction to Researching with Visual Materials*. 4th ed. London: SAGE Publications, 2016.

Spivak, Gayatri Chakravorty. 'Can the Subaltern Speak?'. In *Marxism and the Interpretation of Culture*, edited by Cary Nelson and Lawrence Grossberg, 271–313. Basingstoke: Macmillan Education, 1988.

Sultana, Farhana. 'Reflexivity, Positionality and Participatory Ethics: Negotiating Fieldwork Dilemmas in International Research', *ACME: An International Journal for Critical Geographies* 6, no. 3 (2007): 374–85.

Acervo da Laje

José Eduardo Ferreira Santos. Professor, Researcher and Curator of the Laje Collection

José Eduardo Ferreira Santos in the garden of Acervo da Laje

Suburbio Ferroviario is an area on the periphery of Salvador, in the north-west of the city. It was originally made up of fishing communities and industrial developments, but over the past 30 years it has become a dense neighbourhood of low-income housing, acting as an alternative to the increasingly expensive city centre. It is connected to the city centre by a train line, which is currently the subject of a planned redevelopment as part of the Salvador Urban Masterplan. This project is likely to both make the train unaffordable for many residents and at the same time increase land values and bring gentrification to Suburbio Ferroviario and other neighbouring peripheral settlements. The area is associated with a high rate of crime and informality, and as such has been consistently depicted in negative terms by the media and state officials.

Acervo da Laje, which is based in the neighbourhood of Plataforma in Suburbio Ferroviario, is an arts and cultural organization that aims to promote the beauty, value and heritage of this peripheral area of the city, and challenge the stereotypes of violence and destitution associated with it. Acervo da Laje operates from two houses in the neighbourhood and its name (in English 'The Archive of the Slab') refers to the roof slabs on top of the houses, which are used for exhibitions and cultural activities. Acervo da Laje also comprises a collection of paintings, images, sculptures, pottery, toys, rare objects and books. José Eduardo Ferreira Santos and his wife, Vilma Soares, are residents of the neighbourhood who set up Acervo da Laje in 2011.

Right to the City: The litter isn't collected, the boat is broken – these are our rights.

Right to the City

The right to the city is a sense of belonging to the territory. In the peripheral neighbourhoods we don't have this sense of belonging. In the periphery, there are many invisible borders that we have to cross to access the city. When I was 16 years old I went to work in the centre and since then I started to live the city as a whole: centre and periphery. But it's really hard because these invisible borders mean we don't access the city and what it has to offer. For example, we are ashamed of entering a museum, we are ashamed of entering a theatre, a public building. To be able to go into a heritage building you have to be doing some kind of service, so ... whose city is this? It's my city! But a foreigner comes here and he has access to everything! I mean, the city belongs more to those who are from abroad than those who are local. And this happens in the cultural, architectural and urban arenas, in regards to the landscape, to services ... everything you can imagine. And then you realize that this is the city that is depicted when you arrive at the airport, a city for tourists. If you look for the city's cultural hub, it will always be in the city centre. The suburbs have almost one million inhabitants, and those people have to travel to events, which only happen in the centre. So, when we started Acervo, the idea came from this question: why are there no art spaces in the suburbs? Visual arts, material arts spaces? Usually because the city, even with a periphery as big as here, has historically pushed the periphery away so that it wouldn't be part of the city. But this also happens to people who live in the city centre but often don't have access to the city because they are considered as the periphery within the centre. And we've always suffered from this limitation and from this feeling of not belonging to the city as a whole. Salvador is really unequal in this sense. We are outside the city's categories, and it's like a territoriality that pushes us away. Actually it is still the colonial structure. This is a persistently colonial idea of the city: everything for the centre and nothing for the periphery. The spaces of power are preserved and maintained. The spaces of occupation, of resistance, are all destroyed. So, historically, we were born fighting for the city, for the right to the city, because the city doesn't recognize us as the city.

Citizenship

It's really hard to talk about citizenship when you constantly feel discriminated against for being a suburbanite, for being black, for not meeting the white stereotype that is accepted within the city. This is a city where if you are white you are treated well, and if you are black people treat you as marginal. If you have hard hair[1] you are judged as marginal. If you are a black boy without a shirt, you have to keep your ID on your waist. The police kill first and then ask who you are. Those wearing uniforms feel superior to those who don't. To be a woman, to be gay,

Citizenship: 'It's really hard to talk about citizenship when you constantly feel discriminated against for being a suburbanite, for being black, for not meeting the white stereotype that is accepted within the city.'

to be from the periphery, puts you at risk all the time. This is because the notion of citizenship has been corroded by the eugenic ideas of race whitening. It's still very common, these eugenic ideas are still present in Brazil. For example, a guy looks at me and he predetermines who I am. He thinks a suburbanite can't have knowledge, can't be at the university. He can't be a professor, he can't have a PhD, he can't be a musician, no ... A suburbanite is less than someone who lives in the city centre. And even worse, the notion of citizenship is meritocratic, so we don't have complete citizenship. We are not well represented politically. The politicians only come here during political campaigns and with clientelistic practices,[2] which push people towards the idea of welfare rather than of rights. Therefore, access to culture is limited. And if it wasn't for corruption, which is the main reason for the decadence of the Brazilian political system, our basic needs would have been met, we would be at another level, in a state of abundance. Acervo has been working on this because once you've got your basic citizenship rights (which means access to healthcare, food, work, etc.), once you've got that, you want another level, which is the symbolic level, of art, of culture, of aesthetics, of authorship, of building your own home, of building your own dreams. When the city comes here it gets scared because it can't believe that we are able to exist, it can't believe that we have got art here from great artists, it can't believe that we've got the city's history here. And that scares them, because the logic would be that we couldn't have such a level of sophistication.

Right to Memory: Memory has an impact on the senses, the sense of belonging and the sense of dignity. It gives power to the person to be fully themselves (Objects from the Acervo da Laje collection).

Right to Memory

The right to belong to the history of Bahia, of Brazil and of the world. To stop being sub-human and become human. To have the right to a name, to existence, to each living history that has a record. For example, there is no way of identifying all the Brazilian historical events that have happened here. To enter into history, but a history which is seen by us. To say that, in our way, we can also write history. We still need this compensation. We are tired of having to say every day that we exist and, at the same time, having everyone deny our existence. Since 1987 more than 1,000 of my students have been murdered, and they didn't have the right to a name, they didn't have the right to history, to belong to history. We are discriminated against every day and many times we can't even name this: the right to memory, the right to belong. And the city has to learn how to respect us. And one of the paths towards achieving that is through memory, the aesthetic memory, the artistic memory, the urban memory, the memory of stories, of ancestry. So here in Acervo, we've already got this power, because we cope with memory. I mean, the more you work with that, the more you strengthen yourself politically and strengthen your knowledge. Because, for instance, when each child, each person comes here and starts to realize this other level, it's a small revolution. Those boys who were murdered here (in Plataforma), in many cases, didn't have this aesthetic experience, an experience with art, with culture, with the things that are only in the city centre. They had never seen an original piece of art. They had never seen a painting, a historical artefact. And the museums are elitist. So they don't provide any symbolic field of protection. But in order to fight the stigma, the invisibility – which also are in the symbolic dimension and are therefore internalized creations – you have to talk, you have to show. So that's what Acervo is, this power that emerges from memory, that revolutionizes the capacity to perceive yourself in the world. Because when you get to this point there is no turning back. If I recognize myself in the world with this dignity and with this presence, I don't turn back; I don't content myself with little. It passes through a sieve of sensory experience: I saw it, I did it. And you make the experience of the aura, of the unique thing, of the unique experience, of life, of the encounter with the work, of the encounter with memory.

Notes

1 In Portuguese, 'hard hair' is a pejorative, racist way to describe black people's hair, though black people may use the term themselves as an affirmation of identity.

2 In Portuguese 'assistencialismo' means clientelism, or providing limited benefits to the poor with a view to their electoral enticement.

The Association of Friends of Gege and the Residents of Gamboa de Baixo

Ana Cristina da Silva Caminha, President of the Amigos de Gegê Association from the Residents of Gamboa de Baixo

Ana Cristina da Silva Caminha in front of a house in the Fort of São Paulo in Gamboa de Baixo.

Gamboa de Baixo is a traditional fishing community on the coast of Salvador, made up of around 360 households, which is built around the

Fort of São Paulo of Gamboa, a historical monument dating from the colonial period. Gamboa de Baixo is located next to the old centre of Salvador, near the central square of Largo de Campo Grande, which is a commercial centre and also the location of some of the most expensive land and high-rise housing in the city. However, Gamboa de Baixo is physically separated from this part of the city by a highway, Av. Contour (Av. Lafayete Coutinho), which was constructed in 1952, leaving the neighbourhood only accessible by a set of stairs in an underpass. As well as being physically divided from the city centre by the highway, the community lacks services and infrastructure such as water supply, recreational spaces and public garbage collection. The community has been repeatedly threatened with eviction, in particular the households that reside in the Fort of São Paulo, which has been the subject of heritage conservation proposals. However, in 2016 the residents successfully listed the community as a ZEIS V (a Zone of Special Social Interest in Salvador's Master Plan) and are now aiming to use this as the basis for regularizing their tenure and ensuring the provision of crucial infrastructure and services to the settlement.

The community of Gamboa de Baixo, separated from the centre of the city by Avenida Lafayete Coutinho.

Ana Caminha is the president of the Association of Friends of Gegê and the Residents of Gamboa de Baixo. It is the main community association in the neighbourhood and was set up in 1992. For the main part it has been led by black women from the community. They are fighting to secure the tenure of the settlements' households, for the provision of urban services and infrastructure, and for the recognition of their identity as a community of fishermen. In 2017 the community conducted a Multi-Referential Cadastre to act as a basis for the Mapping and Memorial Document (a socio-economic profile of the community and their traditional activities), which the municipality requires to begin a formal process of land regularization.

Right to the City

The right to the city for me is to have the right to live in Gamboa. It is to have the right to go in and out of Gamboa, to be respected, and to have basic goods and services here in Gamboa, the rights that a community – a citizen – must have. As for basic facilities that Gamboa lacks today, I mean the right to garbage collection; I mean the right to a dignified staircase with access for wheelchairs; I mean the right to an entrance with a sign that states: 'Gamboa de Baixo Community', that recognizes this community publicly; I mean the right to have a fisherman's life respected, to have our own dock here in our community, recognizing that a fishing community must have a dock, according to the way of life of the community. Gamboa doesn't have one. I mean the right to have basic sanitation, a dignified sewage system that supports the community's needs; I mean the right to education, to training. Gamboa's community must have open schools for Gamboa's people, yet even this has been denied today due to our defamation as a marginal, drug-dealer community. There are schools that deny entrance to, and won't accept, residents from Gamboa. So, I mean this kind of right, to be treated in Gamboa as you are treated in Graça, in Corredor da Vitoria, in Barra.[1] I mean the right to dignified healthcare. We have a health clinic here that exists only because of our struggle. So, this health clinic today is in Aflitos,[2] but Gamboa – the community that fought for it – does not have a community health agent who can satisfy Gamboa's needs. The doctors won't come to Gamboa to visit the families in the community. So I talk about this kind of right because that is what I understand as the right to the city. It means being able to participate in life as a whole; it is to maintain, to keep with history, with a fisherman's life, without having to change your way of living. It is to sit on the stones on the shore in

Gamboa, to spend the night chatting, looking at the moon, without being harassed by the police, without being violated by the police, who have been trained to enter our community and say: 'go inside or be beaten', because if you are on the streets, you are marginal. It is this kind of right to the city that I believe in. But, it is clear and has been proven that to have the right to the city is a constant struggle, it is a battle. It's about being attentive all the time.

Right to the City: 'To sit on the stones of Gamboa, to spend the night chatting, looking at the moon, without being harassed by the police.'

Resistance

To live in Gamboa for me is resistance. The traditional wooden rowing boats are resistance. The youth of Gamboa getting into university for me is resistance. To keep an association in a community that is always attacked and marginalized, to keep it alive and bring community members to this processes of organization: this is resistance. It is to say 'Gamboa is fighting, Gamboa is moving, the fishing continues, this history must continue'. To keep fishing as our main source of living because this is what we want it to be. What we know how to do best is fishing, and fishing for me is resistance. To sit at the beachfront, to dive into the sea from São Paulo da Gamboa Fort, which is our leisure area, to enjoy ourselves in the sea, this for me is resistance, it's saying that our fun and games are still the same. We haven't modernized, we haven't adapted in the name of speculation, in the name of a way of life that is not ours. This for me is resistance. To be present in other struggles with other communities, to go to the university looking for support to build other proposals in opposition to the government's proposals – this for me is resistance. To build an articulation of movements that are defending black people, who are defending the remaining existence of their own communities and their histories – that's resistance.

Resistance: 'We haven't modernized, we haven't adapted in the name of speculation, in the name of a way of life that is not ours.' Rosa, the oldest resident of Gamboa, has lived through many changes in the community.

Identity, the Place, and the Way of Life

Identity, the Place and the Way of Life: 'I think the difference is that Gamboa is a woman, a girl, Gamboa is feminine.' Ana Caminha's sister is one of Gamboa's fisherwomen.

The difference with Gamboa, I think, is that Gamboa's residents have a love for this place, a relationship with the beach, a relationship with the simple things, such as the loose stones, sea bathing, sunbathing on the stones. I believe that we are fighting for a right to the city, but the right that we want is the right to continue with simplicity, to maintain our culture, even though we understand that we need to adapt to some different ways of living. Gamboa will not change its way of being, its residents, its fishermen. They can go outside the community, but they will never stop being natives, they won't stop being simple people. They think they don't know anything, but the real fact is that they know everything; they can transform everything. I think our difference is that we have our way of contributing to society, with our way of living, with our food, because we produce part of the food for Salvador, fishing the fish from Gamboa which is sold and distributed in the city. And I think that simplicity, the kinds of struggle in Gamboa, are simple. So, the importance of Gamboa is that it should be seen and accepted as it is: a fishermen's community, a black community, a community of black women who lead social struggles, who lead organizations and maintain their families, no matter what kind of difficulty is found. I think the difference is that Gamboa is a woman, a girl, Gamboa is feminine. The people who started this fight were 11 women – they were only able to recruit one man – who founded the association and have engaged in a great struggle in the city. And these women have taught the sexist men how to respect them. The men fight but they are proud of the women they have, because it is the women who are raising Gamboa's name outside Gamboa. The women are the ones who are fighting to give them, the fishermen, recognition as fishermen. We are women fighting, we are organized women. We are a fishing community in the centre of Salvador and we want to make sure that we keep fishing as the main activity in the community, as a heritage to the city, our fishing. And the most beautiful thing to me about this is that even though fibreglass boats have become common, Gamboa preserves the rowing boats, the *catraia*,[3] you know? The men rowing, the girls diving to take care of their families. I think this is the difference, the fishing identity, a fishing community, a long-established community, a black community.

Notes

1 These are high-income neighbourhoods in neighbouring areas of Salvador.
2 A neighbouring settlement.
3 A *catraia* is a small boat, with two prows, that can be driven by one person for transport and other services.

Association of Residents and Friends of the Historic Centre (AMACH)

Jecilda Maria da Cruz Melo (Pró Cida) is a teacher, a local resident and president of AMACH

Jecilda Maria da Cruz Melo (Pró Cida) in the AMACH Community Kitchen.

Dating from the sixteenth century, the community of Pelourinho is located in the historical city centre of Salvador, and is a highly significant heritage resource, as Salvador is the original capital of Brazil. In 1985 Pelourinho was declared a UNESCO World Heritage site, partly in response to the increasingly decayed physical state of the area's architecture during the second half of the twentieth century but also as a result of the main administrative and commercial activities being relocated to other parts of the city, leading to the outflow of wealthier residents and a lack of investment in Pelourinho. Subsequently, with the growing interest in redeveloping the area for tourism, the state government, through its Urban Development Company of the State of Bahia (CONDER), has worked to attract investment and middle- and upper-class residents to the area, in part by displacing low-income residents on the basis of their inability to maintain the historical buildings that they inhabit.

In this context, AMACH was founded in 2002 by a group of black women residents affected by the seventh stage of the redevelopment plan for Pelourinho. They mobilized to fight for the right to remain in the area and not be relocated out of it (as were the residents affected by the previous six stages of the redevelopment) as well as for adequate housing and a dignified life in the neighbourhood. The organization now represents 108 households living in the area. In 2005 AMACH's negotiation with CONDER resulted in the Terms of Agreement for the Regulation of Conduct (TAC), a document which sets out the government's responsibilities towards meeting the residents' needs, such as improving the condition of temporary and permanent houses, social services and commercial infrastructure. However, there have been ongoing failures to implement the commitments outlined in the TAC, and AMACH is currently working to hold the government to account on these commitments, using, since 2016, tools such as Popular Audit. AMACH also works on giving direct support to low-income residents of Pelourinho, for example through setting up a community kitchen that provides low-cost meals for all.

Right to the City

In the association's work, the 'right to inhabit' has many sub-components that imply dignity, knowledge and self-recognition as a citizen within this city. We are a civil-society organization that was born with the objective of fighting to live in the same place that we've inhabited for more than 40 years. The objective (of CONDER) was to remove the residents and transform the properties for use by tourists or as commercial places. So, during the seventh stage of the project, we initiated the goal of fighting to stay in the historic centre. Today, after a struggle of almost 20 years, we have won a document called Terms of Agreement for the Regulation of

Right to the City: Heritage is generally seen as buildings – for us it is the buildings, but especially the residents. An empty building in Pelourinho.

Conduct (TAC). So the right to the city, the right to housing, to citizens' dignity, were recognized as having value, within the space that they live in. This document was signed to guarantee the permanent residence of 103 low-income families in the social-interest housing programme, and it also allows for community facilities within the heritage area. Heritage, for them (CONDER), is only the buildings. For us, heritage is the buildings and, especially, the residents. This is the greatest heritage, when you see a child or an adult doing a computer course, working, having their self-esteem raised, because they have the right to housing. What we want the most is a roof to call our own, and I, as a member of AMACH, have a roof to call my own. To belong to the city is to know exactly about your rights as a citizen, to know that if you don't fight, if you are not organized, the government doesn't see you. And we, from AMACH, we demand to be seen. Through AMACH as a social movement that struggles for the best for our community, people began to know their rights. I've been living here for almost 40 years and I've seen many things happen, but I believe in the human being, and because I do I continue to fight, in Pelourinho, in the city centre. I'd been living for 29 years in the area affected by seventh-stage redevelopment, in a house that wasn't mine because I didn't own a property. Today I have an apartment, as do other 107 families, because of AMACH's struggle. And I leave this question for you: do we belong to the city or not?

Community Engagement: 'People's awareness about what they want for themselves for their personal and professional lives, for culture, for pursuing knowledge, because without knowledge, you don't get anywhere.' Meeting with students at the AMACH office.

Community Engagement

We do have problems, but when the moment comes to fight, we forget that I'm a woman, that I have four children, that I'm the breadwinner. We have to think that tomorrow my children can have it better than I had it yesterday or than I have it today. Because we need a partner that believes in what we need and in what we want, but for that you must have actions that convince them. You need to be sincere in exactly what you want; you can't use subterfuge to win over someone or something, but you have to show, through your actions, that what you want will benefit other people. Like today, when we see people from the university, the students doing this work that brings pride to us, because they came after something. And when talking with families within the community, the problems related to the TAC started to come up, then the idea of doing the Popular Auditing arose. The Popular Auditing is when you go after knowledge, after your cause, after the problem that has been affecting AMACH. In this case, AMACH's problem is the TAC, the failure of TAC, the violation of a term signed by the state. What is needed? It's people's awareness about what they want for themselves for their personal and professional lives, for culture, for pursuing knowledge. Because without knowledge, you don't get anywhere.

Wish for Improvements. 'You will only change by saying: I want to be different, I want a better life!' The AMACH association sign in Pelourinho.

Wish for Improvements

A person who is working as a street vendor needs to take a training course, needs to have training to get out of that work. But what do you have to give so that this person can do a training course? How can this person survive while he is not working as a street vendor? Nothing! So it becomes only a desire to change, because one has to do what they can to survive. It's very complicated because all transformation has losses, so we also need to generate employment and income, and to generate employment and income, public policies are necessary – it's a government issue. Capacity building comes from the citizen, it's the will of each one, their consciousness. You will change if you want to; you are a free citizen, conscious and active. If your life is good for you, it won't be me or anyone else who is going to say that you will change. You will only change by saying: 'I want to be different, I want a better life!' And then you can create ways of being a capacity builder for yourself. This is also a way of saying that I belong to the city, I am what the city offers me, what I think I can contribute to it. I am different from what society wants me to be, a society that imposes labels and determines what you will be from political and public actions. When you say 'I want', to want means to have power? Power means wanting? Wanting means to conquer? Is conquering the same as owning? Is owning the same as having? I don't know, I just know what I want, I know that I *do* want! So I've determined what I want to be, and it doesn't matter if you don't want me to. Wanting is a desire for self-affirmation, and if you seek that, you override obstacles.

Nova Republica Allotment Residents Association

Vera Lúcia Machado Teixeira is the President of the Nova Republica Allotment Residents Association.

Vera Lúcia Machado Teixeira in Nordeste de Amaralina.

Nordeste de Amaralina is a long-established, low-income region in the south of the city of Salvador. It is bordered by the coastline and beach to the south, and the city park to its north, and is surrounded by high-income neighbourhoods. It is made up of four neighbourhoods: Santa Cruz, Chapada, Nordeste and Vale de Pedrinhas, in which 86 per cent of the population describe themselves as either brown or black and have low levels of education and income. Most of the residents work informally or at domestic jobs such as maids, laundresses and gardeners in the adjoining wealthy neighbourhoods. The residents of Nordeste de Amaralina face ongoing issues of unemployment, poor access to infrastructure and social services and social unrest, due in part to police violence and illegal activities. These problems have not only directly affected the well-being of local people, but have also led to the stigmatization of the settlement and its residents.

The Residents' Association is a community-based organization located in the neighbourhood of Santa Cruz, which was the first area occupied during the 1950s. According to its residents, the area now has a population of more than 40,000 inhabitants. The Nova Republica Allotment Residents Association was founded with the aim of mobilizing the local community to make changes in the neighbourhood and to bring benefits to its inhabitants. Currently, they offer political education, lectures and courses for youth and children such as chess lessons, percussion classes and boxing lessons, among other activities. They also work in partnership with a settlement-wide social organization, the Residents Association of Nordeste de Amaralina (AMNA), which was founded in 1981 and which struggles for residents' housing rights; promotes health education and facilities; and provides cultural, political and educational activities within the community.

Right to the City

For me, the right to the city is to have the right to go to a good-quality health centre, to have a quality health system, quality school, quality education, leisure areas and accessibility – things that we don't have in our community. Mobility in our neighbourhood is very complicated. The current mayor must look at the neighbourhood, pay attention to the young people who are destroying themselves on drugs because of the lack of education. Where there is no education there is plenty of violence. So we need to feel part of the city. In my opinion, the right to the city would be education, health, leisure, mobility and accessibility. The little we have was the result of a lot of struggle because we are always being immobilized and restrained. The neighbourhood becomes restrained. So we pursue our struggle by ourselves. If it's a matter of education, a school that has a problem, a health clinic that has a problem, we gather together and we put pressure through the

Right to the City: There is a risk of collapse for buildings in areas constructed on sand; when storms come there is nothing to hold them.

press. With our colleagues who have more access to information, we can even get attention from outside the country. So, when it reaches the United Nations, our problems are solved immediately. Today we only get repression, repression from the armed forces. We don't have social actions and our neighbourhood stays invisible. I always say: we are invisible. And today we live almost miserably because the unemployment is so high. People survive collecting recyclable waste, but it's not enough to live well! There are people living in wooden shacks, on a sand dune, with venomous animals like cockroaches, rats, scorpions and snakes. That, for me, is the biggest shame in the municipality. People don't have access to basic sanitation, to healthcare, because there is only one health clinic to serve the neighbourhood. We remain helpless and we do not feel part of the city. I wish I could have the right to be part of this city because I believe the city is for everyone and it's our right. But I've got this feeling of not belonging to the city. The public institutions only seek out those who are committed to the neighbourhood when it is election time, or when there was some problem of violence in the neighbourhood. That's when they see us. But, in general, they don't see us as human beings, and we want to be seen as human beings, to belong to this city.

Hope: 'I have the hope that the young people in our neighbourhood get more assistance, get the will to live, get their self-esteem elevated.'

Hope

Hope is to see children being born with access to care in day nurseries, so their mothers have the support needed to work, because nowadays the majority of mothers are single. My hope is to see a neighbourhood that is less discriminated against, with less prejudice, especially towards the people who live in the most deprived areas. I hope that through quality education we will be able to change the thoughts of the youth in our neighbourhood so that they are able to go to university. My hope is that we will have our neighbourhood recognized and respected. That the media doesn't look at our neighbourhood only when violence occurs. That we have united families, with a father, mother and children. That the teachers are more committed to education. That the fathers are more careful with their sons. The state government has implemented the 'Pact for Life'[1] in our neighbourhood, which hasn't brought any hope because violence in our neighbourhood has increased. We don't trust the police. The drug traffickers control our neighbourhood, so our youngsters don't grow, our 12-year-olds are getting pregnant and giving birth. I hope that the young people in our neighbourhood will get more support, get the will to live, have their self-esteem built up. The self-esteem of our community is really low. May young people seek the identity of our neighbourhood. Our area is Nordeste de Amaralina and we are not divided. The Security Secretariat calls it the Nordeste de Amaralina 'complex'. And 'complex' means something that refers to violence. We've lost many young people. I hold the hope that we are not going to lose our youngsters to drugs, to homicide, to clashes with the police. Sometimes, it's not even clashes, it's a bloodthirsty instinct to kill our young people, to mutilate them. We've got many mutilated young people in our neighbourhood, many women with diseases, many ill families. My hope is that in the future we can see a better Nordeste, a Nordeste like we had in the past, where we could sit by our doors to talk, to do a barbecue ... nowadays we can't do this anymore, we no longer have that freedom. My hope is that we have a new Nordeste de Amaralina: the 1960s Nordeste de Amaralina. Hope is to trust. To have hope is to have faith that things are going to happen. For me hope can be summarized as that: to believe, to have faith, to trust, to look forward and to fight to make things happen! Because without struggle there is no victory.

Identity of the Common Good

Here the Carnival mobilizes the whole neighbourhood. Also, the São João[2] festival mobilizes the whole neighbourhood. There is the Forró[3] da Sucupira, which is a narrow street that can fit 1,000 people. So I think this is already a feature of the neighbourhood: to know how to gather to play, to have fun without trouble. The biggest feature of our neighbourhood is our hardworking people, but there are some who make more effort than others. Those who make more effort achieve their goals. There is unity because we have been able to unite for leisure, even if it's only for one day, two days. There are those who want to see change in the neighbourhood but there are others who want to make it individually, thinking only of themselves. So it's very difficult for us to unite to fight for the neighbourhood. The neighbourhood has lost a lot with the individualism of community leaders, with the lack of unity. Everyone gets separated and the neighbourhood loses. It loses a lot because the neighbourhood today is at the mercy of politics. Sometimes at the mercy of only one politician who feels he owns the neighbourhood and the entire area, because he has money. He pours money into the neighbourhood and the neighbourhood gets sold. Then, we end up losing our neighbourhood's identity, as a place called Nordeste de Amaralina. As a result of

Identity of the Common Good: 'There are those who want to see the neighbourhood, the change in the neighbourhood; but there are others who want to make it individually, thinking of themselves.' Community mapping event in Nordeste de Amaralina.

the lack of politicians' interest in seeing the neighbourhood grow, of the real-estate speculation, and because people in the neighbourhood sell themselves to politicians, we end up losing what has been built. Community leaders become political advisors and do not look to the community; they wear the politician's shirt more than the community's.[4] We have lost the identity of collective struggle. Political advisors, city councilmen and deputies who do not even live in the neighbourhood anymore – when they want something they say they still live in the neighbourhood, but it's a lie. Sometimes their family still lives here, their father lives, their mother lives, but they don't anymore. There are very few who live in the neighbourhood, but most of them, when they manage to improve their conditions, they move out of the neighbourhood and yet they still call themselves representatives of it. When we are called to join student research about our neighbourhood,[5] few community leaders embrace it. Sometimes an association only gets four people taking turns to follow the group of students, because the other associations don't see its importance; they can't see the importance of mapping as a positive thing for our community, to understand how the residents of Nordeste de Amaralina live. But this is precisely because of the importance of our neighbourhood's identity, of the common good.

Notes

1 The Pact for Life is a Brazilian state programme under the Social Defense System (SDS), the main objective of which is the promotion of social peace.
2 São João is a traditional festival in Brazil, held in June.
3 Forró is a popular music genre of Brazil. In this case Vera refers to a street party in which this musical genre is played.
4 To wear someone's shirt is a Portuguese expression that means for supporting, or playing for, someone's team, or idea.
5 She is referring to the collaborative action research of students from UFBA and UCL, which took place in her community.

Art Consciousness Cultural Group

Alex Pereira is one of the Co-Founders of Arte Consciente, and also manages and teaches in the centre.

Alex Pereira in Saramandaia.

Saramandaia is a neighbourhood of self-built housing in the geographical centre of Salvador, which has been occupied since the 1970s. According to official data from IBGE (the Brazilian Institute of Geography and Statistics), the community has more than 12,000 residents, the majority of whom are on incomes below the minimum wage. Saramandaia also lacks social infrastructure such as public recreation spaces, solid-waste collection and sewerage, and the community has been classified as a

Zone of Special Social Interest (ZEIS) in recognition of its social needs. However, despite this, Saramandaia's central location and its proximity to transport hubs, shopping malls and high-value housing developments has made the area attractive to developers. The community is also currently under threat from the Linha Viva project, a proposed toll road that would be developed through a public–private partnership, and which would cut through the centre of the neighbourhood, taking a significant portion of Saramandaia's land, housing and green spaces. One of the key challenges that the residents of Saramandaia face in resisting displacement by such projects is their lack of wider public visibility. In response, residents and community groups, alongside members from the research group Lugar Comum from the Architecture College in the Federal University of Bahia have mobilized around the slogan 'Saramandaia Existe' ('Saramandaia Exists').

Arte Consciente is a cultural organization based in Saramandaia, which was set up by a group of young people from the neighbourhood in 2003. The organization aims to prepare young people in the community for life by teaching not only art but also principles of citizenship, coexistence and respect. The Arte Consciente Centre in Saramandaia offers lessons in different art forms and skills, including drumming, circus skills, capoeira and boxing.

Right to the City: The inequality between the peripheral city of Saramandaia and the corporate city by its side.

Right to the City

We don't have rights. Or, rather, we just have them on paper. Here in Brazil, the only ones who have rights are those who are in power. To give an example from our community, in some places in our city there are public squares, but here in Saramandaia, where there are almost

50,000 residents, we don't have leisure spaces, not even one square. Speaking of rights, we know that only two municipal schools and two state schools aren't enough to cater for our community. Moreover, these schools can't focus on education because they usually don't have enough support for maintenance, teachers and meals for the students. As well as this, we also know that the garbage truck, for instance, sometimes doesn't appear to collect the rubbish for two or three days. We can also see that our community is discriminated against. Even though it is part of a wider neighbourhood where there are three shopping malls, the government doesn't invest in the community in terms of squares, leisure spaces, basic sanitation, schools, etc. Why do they do this? Because if we get run down, they can come up with a solution which will be to buy our homes for lower prices and build hotels, apartments. We have an example now, with the Linha Viva project, in which they will create a new road to reduce Saramandaia's population, and not only Saramandaia's but other neighbourhoods' as well. It's a project that won't move traffic through the city, it will move money into their pockets. Apart from destroying the woods we have, they will take away the houses, the schools, leisure areas. So in that sense, we understand that they are selling our city without our participation. Therefore, we understand that we are at their mercy because we don't have a representative of the neighbourhood on the city council to represent our community and deal with our community. A while ago, a mayor set up a bus service called 'Amarelinho' for each neighbourhood, and Saramandaia got one of those buses. However, the buses only ran here for two weeks and then they took them away. This provoked disorder in the community, it was a revolt. It's because we are in an area that is desirable for the city's administration that they try to take our neighbourhood from us, by manipulating our community, by building highways through our community. We know, indirectly, that a group of foreigners came to buy Saramandaia and build 'Alphavilles'[1] here. They invent improvements in the city, taking people's homes, schools and leisure areas.

Resistance

Saramandaia has many problems, the lives of its residents in decay. People form groups so that we can improve our community, build our self-esteem and show that we do not depend on the government, on the mayor or the city councilman. Actually, we also realize that many people remain segregated as a result of resistance by the public authorities. People think that they don't have the resources and the capacity to be there fighting and getting things. When you debate with the public authorities they back off, they keep away and they refuse to work in the community. So, when you engage with the government, to claim the community's rights, they keep away, and if you confront them, usually it gets harder for the community. When you go to the government with a lot of proposals they get indignant, but we are just pursuing our rights. During the election campaign they promise many things but actually they haven't been doing anything. So when you go talk with them, you are already so indignant about it that you don't even want to talk anymore, because you have been having conversations with them already all the time. So there comes a moment when you talk in a bitter tone, and they will step back and there will be this situation, and then the confrontation comes during the elections when we don't let anyone enter the neighbourhood.

Resistance: 'Giving ourselves self-esteem and showing that we do not only depend on the government, on the mayor, on the councilman.' Graffiti of Lampião, or Virgulino the King of Cangaço, a historic resistance leader from north-east Brazil.

Art Consciousness: 'So we encourage the community to go after their rights through music, circus, dance and capoeira. And with this intention we show our indignation through art.'

Art Consciousness

What makes me fight is that I'm the son of a woman who doesn't know how to read, and of a father that doesn't know how to either. You know, I was raised in the streets, I was very discriminated against in the streets, where I was working. It was the association, a project like this, that encouraged me to study, that encouraged me to do this work today in communities where the government doesn't invest, in which we try to encourage and incentivize people. So we encourage the community to pursue their rights through music, circus, dance and capoeira. And with this intention we show our indignation through art. Inequality in Brazil is huge. There are a few who have too much and many who have little. So, the deprived community has one piece of bread which they share with others, while other people have a lot, but can't share anything. They can't help in any way. This inequality that we live in is something that I don't even know how to describe. I protest against it, encouraging people, giving them self-esteem, showing them that they do have the capacity. There are a lot of football players that have come from this community and today, because they are in another situation, they forget where they came from. If each one of those people gave one per cent of their fortune, not only to associations but to cultural works that encourage the youngsters, we would have a better world. For example, here I have to give classes, to do building work, to sweep … we don't have a team to give us better support in the community. We express our struggle through music, for example. Art Consciousness.

Note

1 Alphaville is a well-known, high-class gated community in Salvador.

Luisa Mahin Occupation

Márcia Amorim Ribeiro and Selma de Jesus Batista, Luisa Mahin Residents/Occupation movement members

Márcia Amorim Ribeiro and Selma de Jesus Batista in the Luisa Mahin Occupation teaching room in front of a picture of Luisa Mahin.

The Luisa Mahin Occupation, in Salvador da Bahia, is the occupation of a public building in the Comercio neighbourhood in the historic centre in the lower city. It is named in honour of Luisa Mahin, a poor, black heroine of the nineteenth-century anti-slavery movement in Bahia. The Comercio neighbourhood was once the commercial centre of the city but was increasingly abandoned once the commercial and administrative centres moved to the east in the 1960s, leaving many of the properties in Comercio officially empty (many are in fact occupied for informal and undocumented uses). As most of the buildings are protected as architectural heritage sites they cannot be demolished, and many are left vacant by speculators in the hope that they will collapse on their own, clearing space for redevelopment. In recent years the area has been the focus of state-facilitated real-estate speculation – for example, through tax incentives for redevelopment through the state-sponsored Revitalize Programme.

The Luisa Mahin Occupation is in a building owned by the state government. It was used by the Public Centre for the Social Economy, until they moved out in 2015 and it was left abandoned. Since the Luisa Mahin group occupied the building in 2016, it has served as a home for more than 20 families.[1] The majority of the residents are from Urugai and Boca do Rio, two low-income neighbourhoods in the north-west of Salvador, characterized by a high level of poverty, violence, overcrowding and poor access to the city centre. The occupation was initiated by MLB (the Movement of Struggle for our Neighbourhoods Village and Slums), a socialist movement founded in 1999 which adopts strategies of occupation in order to challenge the capitalist logic of private property. The occupation therefore works both as a housing solution for its residents and an action of resistance in the fight for decent housing for the poor and working people in general. As well as providing housing for its residents, the Luisa Mahin occupation is also a space for free community education, not only for residents but for all who are excluded from costly education provision in the city. This includes a kindergarten, political education, adult literacy and art classes.

Right to the City

The right to the city is to be a citizen. It is to be humble, to be entitled to everything that is necessary for us; to help your equal partners and to be helped as well. The city doesn't give us a shelter – if we're here today, it's because we deserve to have the shelter that we don't have. But we also need a dignified school to study at night, to take a course, to become independent and not be dependent on anyone else for anything. I really like studying to learn things that I still don't know. I'd really like to have a job, to have childcare, because there are many children that need childcare, and here there is none. Here there is a lot of prejudice. We are

Right to the City: 'If we do not work hard for our rights, nothing happens.' The graffiti reads 'The one who loses the fight is the one who leaves the fight.'

black women and sometimes we go to a job interview at a company and they do not always accept us because of our colour. I see that the majority of women who get a job in a company, if you look, are mostly pretty white girls. We don't have a dignified job, we don't have anything. If we don't go after our needs, nobody will give anything to us. The course that I've been taking has to be paid for, but I talked and talked until they could understand my situation and now I do it for free. It's been three years. I've made a lot of newborn babies' clothes, then I wanted to change, to learn a little more. We live in a city, the government has to give things for us to do so that we can earn money and move forwards, not backwards. We are doing our work, so the government has to do something. If we wait, nothing is ever done. We must have the right to everything that we don't have. The right to study; the right to go into a place and be treated well, not badly; the right to not have doors closed in our faces. We want a place to live in, to take care of it. I think that if we are here it is because we need it. And today the government should thank God because here in the occupation everything is clean, organized; there is no mess, no noise, no agony.

Adaptation: 'If we don't have water or light we have to fix it.' A water-extension tap installed by the residents of the occupation after their water supply was cut off.

Adaptation

What exists among us here is a union. Unity and respect for each other. If we don't have water or light, we have to fix it. If there is no light, if an electric wire doesn't work, we go and buy it. Everyone makes a donation and we put it in place. If everyone helps each other, there is no agony. And when we got here it was full of trash, dirty, messed up. The rugs were dirty, wet and smelly. So we've cleaned up, washed, poured soap on everything. The good thing about this place is that the rooms are separated. I like that. The bad thing about the rooms was that they were all rotten and filthy. The walls were dirty, the bathroom was disgusting. So we've poured soap on it, cleaned up everything, organized everything, and now they want to take it from us. But God won't allow that. It came to the point where they cut off the water and light so that nobody could stay here. And we were in that situation for a long time. Many people left, only a few stayed in the squat. We spent a long time getting water from outside, and then we were able to make connections to bring water and light. They'd cut off the connections but we've reconnected them again. Here there's no mess, because some squats are really messy. But here everybody is chilled, there is no mess. If anything is dirty, we clean it. If the bathroom is dirty, we clean it. Every one helps one another. We buy everything in Urugai[2] because everything is cheap there, and then we bring it back here. We don't have jobs here, but we do in Urugai. So we go there, we stay for a few days until we get enough money to come back here. Because here we can't find any work. There we build slabs, carry blocks, carry cement, carry sand. Here we work at recycling – we pick through the garbage for recycling. This building used to be owned by the government, and now we want to make a school and a day nursery here.

The Desire for a Dignified Life: 'Our main wish is to keep our home and to be left in peace.' A bedroom in the Luisa Mahin occupation.

The Desire for a Dignified Life

Our main wish is to keep our home and to be left in peace. For this to happen we have to fight, to get our things, to give solutions to people, to get our space. I told you that they took the light and the water so we couldn't stay here. We are fighting to stay here, to have a home for ourselves, to not be humiliated as I have often been inside my house. I want to have my own house so I won't be judged. I want to be independent. Our struggle is our dignity too. It's to have a school, to study and to know how to read a little and to understand things a little more than I do now. Everyone calls me dumb but I'm not dumb. I understand a little of everything, and by studying we seek to fight outside. If we want one thing, we seek to fight to get our thing, our dignified home. Without study we are nothing at all. Nowadays, to be a street sweeper, you must have a high-school diploma. We cannot go to college because we can't afford to go to a better school or to have a better college. Nowadays the best colleges are fee-charging. At least for us to get a college scholarship we have to humiliate ourselves. We want a house, we want to study to be someone in life, to take a course, to learn what we don't know yet. Our children need day care, schools, which we don't have. So, all of this, the government has to offer us.

Notes

1 In 2018 (almost two years after the interviews were conducted) the residents settled with the state government and vacated the building.
2 Urugai is the name of the neighbourhood where they used to live.

Gurreira Maria Occupation

Maria Lucianne Lobato Ferreira (Lôra), is the Leader of the Strength and Struggle Warrior Maria Occupation, and state coordinator of MSTB – the Homeless Movement of Bahia.

Maria Lucianne Lobato Ferreira (Lôra) at the Guerreira Maria Occupation.

The Guerreira Maria Occupation is an occupation on a privately owned plot of land in the northern peripheries of Salvador, close to the airport and the boundary with the neighbouring city of Lauro de Freitas. The land had been left vacant for six years due to property speculation when in November 2016 it was occupied with the support of the Homeless Movement of Bahia (MSTB). The plot has now been subdivided and is occupied by 80 self-built homes. Most of the occupiers came from

Bosque das Bromélias, a nearby social-housing project from the *Minha Casa Minha Vida* state housing programme. They chose to move to the occupation because of problems they faced in Bosque das Bromélias, including poor accessibility, overcrowding, the high cost of bills and rent, and a lack of livelihood opportunities and social infrastructure. They are currently engaged in a legal battle with the private landowner, who is attempting to evict them from the site.

The MSTB movement, which is supporting the occupation, was founded in 2003 to organize women and men to get housing and other social rights required for a dignified life. It has since organized 34 occupations in Bahia, including 17 in Salvador, using the slogan 'Organize, Occupy, Resist!' MSTB emphasizes the concept of 'living with dignity' and aims to address the housing shortages experienced by many residents. At the same time, a large number of houses and land sites remain empty in the city despite the fact that Brazil's City Statute of 2001 made a public commitment to the social function of land and housing.

Right to the City: 'We need more than we have, and just having it in the area is not enough.' Diego and Eduardo in the library.

Right to the City

I don't feel I have a right to the city. I came from an occupation called Quilombo Ninha Warrior,[1] and when I went to Bosque das Bromélias public housing, where 2,400 families live, I thought I was going there just to live, but we had to fight for everything. We had to fight for school buses, for public transportation, for a footbridge (which we only got after one person died in a traffic accident). Those things were planned for in the housing project but we still don't have a health clinic, for instance. So we've been facing the fact that the project wasn't implemented, and we face this series of problems. Thus, we had to reframe and fight for everything. So, which rights to the city are not offered to the people, including myself? Later, I faced a bigger problem, which was the need for housing: the majority of people used to pay rent in Bosque das Bromélias, the housing-estate project that we, low-income people, had won the right to live in. But that suddenly became a trade-off. The movement has this dilemma, to tackle the housing problem by refusing to pay rent – even if that means we have to live in shacks. It doesn't matter if people are living in shacks under a canvas shelter, the most important thing is that they have support – this is the movement's solution. Because if we don't occupy, if we just have meetings, if we just talk with the government, it does not put any pressure on them. What rights would those families have if it wasn't for this movement, the MSTB? We don't have sewerage. We have a *gato*,[2] which we've made, shared and paid for. We have water because we've paid for it. So I, as a representative of the community, don't feel we've got the right to the city. They've put me in a housing estate that is on the other side of the city. I used to have everything before, and here I had to build everything again. Now we have 11 buses, which bring the kids back and forth to São Cristóvão. Those buses constantly have problems, and it's the city hall that pays for it. And if we were depending on the city hall's will, those kids would be going to São Cristóvão on foot. But we as a movement didn't allow that. So I don't know what 'right to the city' this is. It has to be discussed, there must be dialogue, because people from movements, from MSTB and others, are homeless. They do not have this right to the city. Everything is there, on paper and well-written, but it's just a magazine cover because it doesn't exist. The right to the city would be to have a health clinic next to my house, a beautiful school for my daughter to study at, public transportation which isn't as precarious as the system we have. I believe that this would meet a little of our needs. Other things we could pass over, but when it comes to education and health then things get hard. We were able to build a day-care nursery but we still don't have staff there. Those who work there are volunteers. Everybody is a volunteer, there is no contract. That's why the struggle can't stop.

Community: 'If it wasn't for the movement, there wouldn't be these communities.' Dona Elena and Lia, important figures from the occupation, working together with Lôra in the community garden.

Community

I believe in the community that we dream about, the Community of Well-Being, in which people are organized to live well. Even if there are differences, when the time comes to fight, everyone would hold each other, would kiss each other. We try to show our community its potential – that we should cultivate a garden with vegetables, build a headquarters, a school, and even look for people to work in this school and pay them. But this still is something to aim for. None of this has been achieved yet because our occupation is still a baby. We are about to complete six months and we are threatened by a repossession lawsuit. This is what holds us back, because we have a carpenter here, a construction worker, we have everything. If it were a case of building for ourselves, everybody would build the streets. Sometimes it gets a little messy because someone goes over the boundary line of their own family plot. But then we go there and replace the fence because everyone has a plot of 13 x 10 metres. Here in the squat we still lack the land permission to make our community. In Bosque das Bromélias the facilities are missing, we are working on that. We only have the day-care nursery, the footbridge, the public transportation and the school buses. And the school buses serve the kids here. In terms of community life, it's a bit complicated because there are leaders who call themselves leaders but don't actually do anything. In terms of struggle it's like this: once you own your house, the struggle stops. So you have to squeeze their minds, otherwise people become neutralized and don't move forward. I think that, when people say 'community', the movement comes up. Because, if it wasn't for the movement, there wouldn't be these communities.

Movement: 'In our movement there is not only one mind who is in charge of everything, everybody is in charge.' It was through the MSTB movement that Lôra was able to get her apartment.

Movement

I think movement is a key word for this interview. We make decisions collectively, so I think this is key. It's this movement that people believe in, people go after something and we do what is feasible, and what is unfeasible, to make things happen. When the landowner[3] comes to us with a repossession suit, we don't stand with our arms crossed – we mobilize everything and we get on with what is needed. We, as a movement, look for the negotiation table, the Public Defender, the Public Prosecutor's Office. We look for the landowner, to tell him that the Housing Secretariat has to intervene. And those who have given us this support, the political-training courses, were the partners that support the movement. So, if it wasn't for this movement I wouldn't know what

I'm saying. For example, within this movement[4] there is a local and a state board. The state board is the one that goes to the negotiation table, the table of conflict and of every kind of problem that arises. The local board is formed by the leaders of their communities, and, with time, we see who has the potential to become part of the state board. I've participated in occupations and I've became part of the local board because of the things that I had done. Then there was a political-training course before I was invited to become a member of the state board. I've learnt how to behave at a table with the state government. In the beginning we were even afraid of going to City Hall, but nowadays it's so much easier. It's through the movement that we've gained political consciousness, which we bring to the occupation, with the political-training courses. If we hadn't had the movement to instruct us at this point, I guarantee that when the police first arrived with the repossession suit we would have lost our minds and we wouldn't have known what to do. And if we didn't have this instruction [in how to protect the occupation], this community wouldn't exist. I've been arrested once. I was under age, I didn't know what I was doing, I didn't know what I was fighting for. And nowadays I know what my cause is and what I want. We need to build capacity because when you decide things collectively you don't break your head alone.[5] So I've learnt to always put the collective in the forefront so they decide what they want for their lives. And if we go along this path, nobody gets lost.

Notes

1 *Quilombos* are areas occupied by groups that define themselves as remnants of *quilombo* communities, which were places of resistance established by fugitive slaves.
2 *Gato* means an informal infrastructural installation.
3 Of the site that the movement is occupying.
4 The MSTB.
5 To 'break your head' is a Brazilian expression that means to dedicate yourself to solve a problem.

Inclusion London

Ellen Clifford

Ellen Clifford

Inclusion London is an umbrella organization supporting over 70 Deaf and Disabled People's Organizations (DDPOs) across London and helping them grow. DDPOs are led mainly by deaf and disabled people. They work to protect their rights, campaign for equality and inclusion, and provide a range of peer-led services and support. Inclusion London has also recently established a Disability Justice project, which seeks to take strategic legal action under the Care Act, Equalities Act and Human Rights Act.

Ellen Clifford is the Campaigns and Policy Manager at Inclusion London. She supports DDPOs with campaigning skills, seeks increased representation of the direct voices of deaf and disabled people in the media, and also focuses on addressing national policy and reporting to the United Nations. Ellen is a mental-health survivor and identifies as a disabled person under the social model of disability. She is also an activist in the Disabled People Against Cuts (DPAC) network of community-led campaigns. DPAC exposes and shames government policies that affect disabled people. The network also creates space for people to come together, provide tips and peer support, and feel empowered.

Reclaim our Spaces: 'We go into places where people in power make the decisions that affect our lives.' Members of Disabled People Against Cuts in the UK Parliament.

Reclaim our Spaces

We definitely use this a lot. We go into places where people in power make the decisions that affect our lives. For example, we always try to get meetings in Parliament. It isn't designed for wheelchairs, so this means we won't fit in the room. We'll overspill into the corridors, which makes people very visible and politicians can't ignore that. However, it is easier to campaign successfully on access issues as opposed to welfare reform and social care.

We try to influence decision-making in any way that we can. Other ways to reclaim the space of decision-making are through legal challenges in the High Court and using the United Nations Convention. For example, DPAC triggered an investigation through the UN Disability Committee and I went to Geneva to give evidence on behalf of DPAC and Inclusion London. This can help to influence opposition politics. But the only way to challenge local authorities is by an individual being brave enough and strong enough and having enough support to take legal action (although changes to Legal Aid mean that not everyone is eligible for that anyway).

We are involved in all areas of concern and where disabled people's rights are under attack: education, housing and transport. For example, some train companies claim that people can't expect to have assistance on a turn-up-and-go basis, and should therefore book this assistance 48 hours in advance. Accessible transport is an icon of disabled people's rights to movement, as it is about freedom to travel. In July at DPAC we organized a Week of Action claiming, among other things, the right to ride for people with disabilities. The UK's transport system is not built to accommodate people in wheelchairs travelling together, so we will organize direct-action activities to raise awareness of this issue.

Common Good

The inclusion of disabled people is good for the whole of society, but this is not an easy argument to make. The economic aspect is mentioned usually, making a business case for investing in independent living. For disabled people to have the same life chances there is a cost – for adaptations or for support from a personal assistant. If the government invests in personal assistants they create jobs and disabled people can then become employed and contribute to the economy. The messaging around austerity is that disabled people are too expensive, that we're a burden on society and can't expect to have the same choices and chances in life as everyone else. In general there is a perception that we are more isolated than we actually are. But there's a lot of us and our lives are interdependent. If benefits and support are cut this also affects family, friends and neighbours. A friend of mine was going to a community choir and she was told by her social worker that they were cutting her social-care package. If she wanted to keep on going, the other members of the choir would have to take her to the toilet and give her her medication. Attacks on disabled people affect wider communities. Other people do care about this and are upset about it.

Common Good: 'There's a lot of us and our lives are interdependent; if our benefits are cut it also affects family, friends and neighbours.' Audrey and Dave, members of DPAC.

However, there is a danger in using this economic argument. We need to have a value-based understanding that every life is important. One of the issues with the government trying to get everyone into work is that some people simply can't work. There are many disability organizations that don't want to say so because they risk devaluing disabled people. But at the same time focusing only on this idea that work is good for you also has a devaluing impact on people. The government Green Paper that came out at the beginning of this year was welcomed by many charities because it was all about employment support for disabled people. But underpinning the paper is a very scary message that work benefits everybody and if you don't take part in work-focused activities you're going to lose the support you need. This ignores all the UN recommendations and goes even further. Sometimes there are tensions between organizations who lobby politicians (they tend to use the economic argument), while grassroots activist movements use the value-based argument. As an activist first and foremost, there are some red lines I wouldn't cross in a job even if the job depended on it, if I felt my politics were being contravened too far. I believe that the best way to influence change is through collective resistance and demanding change. Parliamentary democracy is very limited but I try to use it when I can.

The Social Model of Disability. 'The key thing about the social model is that it's a tool for social change, for people to identify a common barrier and mobilize collectively.' Members of Disabled People Against Cuts at a protest.

The Social Model of Disability

The idea behind the social model of disability is that there is nothing intrinsically wrong with disabled people. The key thing about the social model is that it's a tool for social change, for people to identify a common barrier and mobilize collectively. Some examples of using the social model include having a ramp instead of stairs for wheelchair users; or someone with mental-health support needs having a personal assistant. In fighting for these things disabled people will often protest and come together. There have been some wins in the past, such as the campaign for accessible transport, in which people chained themselves to buses.

One of the things we are currently fighting for is for the government to completely overhaul welfare-benefit assessments and use the social model. The model currently used is designed to get people off benefits, ignoring the evidence and assuming that we can get well if we tried harder, that we don't need support and we can manage on our own, blaming the individual for their own impairment. We have the Care Act 2014,[1] but local authorities are not implementing it because they say they have had massive funding cuts and aren't able to give people the support they need. What is largely used is a 'clean and feed' model of support. Someone comes to your house for a short time and makes you a cup of tea or takes you to the toilet. Local authorities are telling people they have more independence by using incontinence pads rather than having someone helping them use the toilet. People don't have access to food and water for hours and they're left to sit in chairs. If a disabled person complains about these things they are labelled as being 'difficult'.

In terms of mental health, the Mayor of London's recent initiative Thrive London takes a very individualistic approach. It talks about equipping Londoners to manage mental health but doesn't acknowledge that some people will need support or that their situations are aggravated by benefit cuts. It's very easy to talk about challenging stigma, there's definitely a role for that, but it also needs to look at other concrete barriers that people are facing.

So collective resistance and action are very important. Disabled People Against Cuts creates a space for us to come together and support each other, and give people a sense of hope. One of the impacts of the cuts is that people are trapped in their own homes, which makes them even more invisible and creates segregated communities. And much of society is unaware that this is happening because it's behind closed doors. So what we try to do through the protests is bring people in and make them publicly visible. We ensure funding for travel and we ally with other groups campaigning against cuts to provide buddies and support for disabled people.

Note

1 The UK Care Act 2014 is national legislation that outlines the rights of people with disabilities and carers, and specifies the responsibilities of local authorities towards them.

Latin Elephant

Patria Roman-Velazquez

Patria Roman-Velazquez at a community mapping event in Elephant and Castle.

Latin Elephant is a charity that works with Latin American and other migrant and ethnic businesses to ensure they have a voice in the processes of urban change in London, particularly in areas of rapid regeneration where there is high risk of displacement. The organization originated from a series of research activities and support for migrant and ethnic businesses in the Elephant and Castle Opportunity Area.[1] It seeks to build capacity for them to gain recognition and be involved in regeneration processes, such as the redevelopment of the Elephant and Castle Shopping Centre which is currently under way. Latin Elephant has been liaising with local and London-wide community networks, such as the Elephant and Walworth Neighbourhood Forum and Just Space, to raise awareness of the concerns of traders and contribute to policy consultations and the Examination in Public of the London Plan.[2]

Patria Roman-Velazquez is the founder of Latin Elephant and is one of the Trustees of the organization. Patria has been interested in the histories and concerns of Latin American businesses in Elephant and Castle since the mid-1990s, when she came to London to do a PhD on Latin American music and culture and saw that this was one of the main areas where Latin businesses were congregating. In the late 2000s Patria became more involved and started supporting retailers with the consultations on new development and continuing her research, which led to the emergence of Latin Elephant. In 2013 she left her academic job and dedicated herself full time to setting up the organization, which became a registered charity one year later. As a Latin American woman and an academic she has always focused on place and identity. Her interest also stems from being a migrant from a working-class background in Puerto Rico, with experience of migration first to the United States and then to London.

Reclaim our Spaces

Traders have built this place by coming in individually and bringing life to these spaces. They know that their strength lies in the cluster, in all the Latin American businesses being concentrated in the same area. They created the idea of a Latin Quarter and they want to build on the strength of what we have, to reclaim the space they have helped build. Other migrant businesses want to come to Latin Elephant events and be part of the network as they see the common struggle. So Latin Elephant is becoming a collaboration of international businesses, advocating for the wider migrant and ethnic economy here. We have been involved in an event with other Latin American and migrant organizations called Migrants Contribute. We used the shopping centre and organized music and dancing, taking over the space to show that we are a strong and positive community and we are not here to threaten anyone.

Reclaim our Spaces: Mapping was very important in visualizing what traders are fighting for and raising awareness of what's here.

Mapping was very important in visualizing what traders are fighting for and drawing attention to what's here. I don't think even they were aware of how big the cluster actually is and how many Latin businesses exist in this area. No one asked the traders what they want, what their aspirations are, and they have been frustrated by the consultation. The idea of the Latin Quarter emerged from a workshop we held with traders regarding their aspirations. Following that, it became clearer and clearer that the Latin Quarter is about celebrating diversity, welcoming other groups and being a migrant-business hub. This is not just about Latin Americans – we want to make sure that all migrant and ethnic groups feel part of this.

We have also been active in making claims to space in wider struggles across London. There's a lot of regeneration linked with the London Plan and Opportunity Areas, which displaces communities, and this particularly happens in areas with high migrant and ethnic populations in some of the most unequal boroughs. Examples of other areas now being threatened with demolition and displacement are Seven Sisters, Tottenham and Brent, where rents have been cheap, where it was easy for migrant and ethnic businesses to access the high street and set up businesses in clusters.

Common Good: 'Businesses belong to the private sector, but places such as this Shopping Centre are more than that.' Businesses threatened by redevelopment in Elephant and Castle, reflected in the window of a temporary cocktail bar licensed by the regeneration developer.

Common Good

Businesses belong to the private sector, but places such as this shopping centre are more than that. Sometimes these businesses are run just by one person whose entire livelihood depends on their trade. This is a whole network of communities, an information centre where people gather; a place that is familiar and opens up for lonely people, for those looking for work or looking to get out of overcrowded accommodation. Sometimes the Elephant is the first port of call for people migrating to London. It is an easy place to set up a business, and it fulfils a cultural and economic function. We need to see these places as places for common good.

Common good for our organization is important because it relates to solidarity, resilience and ethics, and also to how the businesses operate. When an issue like the redevelopment comes up they support each other. Even the larger and more successful businesses acknowledge that what makes their enterprise thrive is all the other businesses, and they would advocate publicly for the collective. Common good is embracing the idea of collective action and collective function of this place beyond private capital. There is a risk when you decide to object, to resist and fight for common good, because you become a target and you are isolated and obstructed. Our Migrant and Ethnic Business Readiness Programme aims to build capacity and resilience because the traders know they are ignored and marginalized.

I think the language that people use is very important on the ground. I'm not sure that what happens here should be called gentrification. I feel that this word brushes over the main issue which is displacement and destruction. For me it is stronger conceptually to say that you are destroying our communities and pushing us out. If you focus on who's coming in you put the blame on them, on individuals, rather than on developers and decision makers. Academically, I use 'developer-led gentrification', but on the ground it is about displacement and destruction of our community spaces. The Latin traders here all want a better place, but they want to be a part of it.

Resilience. 'For me resilience is about ethics and principles, having the trust of the traders and the community at large.' The Coronet, originally built as a theatre in 1872, has survived successive waves of redevelopment in the area.

Resilience

There are issues of connectivity, both for the organization but also in terms of the struggle on the ground. Both need to be strong and resilient. For me resilience is about ethics and principles, having the trust of the traders and the community at large. In Latin Elephant we walk different terrains, talking to the council and developers, while remaining principled and knowing who our beneficiaries are. We pursue objectives such as strengthening the capacity and voice of traders to negotiate relocation on their terms. Resilience is also about compromise and being aware of the risks of being co-opted while not wanting to close opportunities for the businesses. If we know that a project is funded by developers we can promote it, but that is as far as we go. Developers tend to individualize and break down collectives. Many of the businesses in the shopping centre have been united in terms of collective action but I don't know how far they will go. Southwark Council[3] is currently proposing the Section 106[4] Agreement and a mitigation strategy for those businesses affected by the proposed development of the EC shopping centre, while Delancey, the developer, is consulting on a relocation strategy for qualifying traders in the shopping centre. We have asked for a deputation to the council to allow the voices of the traders to be heard, as traders claimed they have not been involved in discussions about the relocation strategy. There are 27 businesses that are eligible, meaning they don't have more than three units and had not started their contract after November 2014 when the developer took over. We would also like to raise awareness among the traders in the arches, but at the moment some of them don't want to be involved before the redevelopment has affected them.

Notes

1 Elephant and Castle is a neighbourhood just to the south of central London which has long been a low-income and socially mixed area. Opportunity Areas are areas targeted for social and spatial regeneration as part of the London Plan.
2 A public consultation exercise on the London Plan.
3 Southwark is the local-authority area in which Elephant and Castle sits
4 Section 106 Agreements are legal agreements between local authorities and developers, which lay out planning permissions and developers' obligations.

LGBTQ+ Spaces

Ben Walters

Ben Walters

Over the last decade London has seen a loss of more than half of its LGBTQ+[1] venues. Although many spaces were commercially successful and well used, they were sitting on valuable real estate and couldn't match up to residential development in terms of profitability. These sites are significant as institutions for queer community and culture, and they are repositories of history and affective heritage. LGBTQ+ people still don't have lived equality in many ways and it's essential to have non-normative spaces where they can get together.

Ben Walters edited the 'Cabaret' section for the London edition of *Time Out*[2] between 2009 and 2013 until the section was cut out.

Writing about performances taking place mostly in grassroots venues, he found this work very nourishing, eye-opening and heartwarming, as he could witness work being developed by talented people on their own terms, which in itself was a political experience. After leaving *Time Out* he started a blog, 'NotTelevision.net', continuing to engage with the cabaret scene but also with the rise in LGBTQ+ venue closures. This led to him getting actively involved in campaigns to protect queer venues, particularly the Black Cap[3] and Royal Vauxhall Tavern,[4] which have been consistent sites of LGBTQ+ community and culture for over 50 years. For Ben, campaigning for LGBTQ+ spaces is intensely personal, as these places are important to him socially, politically and in sensory terms.

Ben is also part of the Queer Spaces Network, which aims to connect campaigns and individuals and work with London's City Hall to look at planning regulations in order to get more structural support for protecting existing spaces and developing new kinds of queer spaces. The power of developers needs to be leveraged at municipal level, which is why the Queer Spaces Network has been working to influence London Plan policy, and talking to the Mayor's culture team and London's Night Czar, Amy Lamé.[5]

Ben chose to discuss the concept of fun and its potential to make change happen, which is a key interest in his activism and also in his PhD research.

Reclaim our Spaces

In our campaigns we are not quite in the position of reclaiming because what we do is about not letting go of what's already here; in this sense we are claiming spaces rather than reclaiming them. There is political value in the spectacle of resistance, and value in what we have achieved by being stubborn. We are trying to resist the capitalist rhetoric that exists even within LGBTQ+ communities. With the Black Cap there have been repeated attempts to redevelop the upper floors for residential use. Although the council refused one such planning application in 2015 and the venue was doing well, the freeholder closed the venue. We worked to oppose the planning application and get the building recognized as an Asset of Community Value. In 2014, the Royal Vauxhall Tavern was sold to property developers and the new owner did not disclose their intentions or engage with the community. Although the venue was not closed down, we decided to organize and mobilize pre-emptively, and we successfully applied to make it a listed building.

Reclaim our Spaces: LGBTQ+ activists outside the Black Cap, a gay pub in London under threat of being redeveloped into luxury flats.

When talking about our spaces it's also important to ask who are *we* and what is *ours*. There has been an assimilationist rhetoric around LGBT people within mainstream culture that suggests that everything is fine now that we can get married and join the army, etc. This neglects important ways in which queer lives and history are distinct from mainstream experience, and it can be disastrous if queer sensibility and politics disappears. It's necessary to have spaces that are accountable to different politics. There is political and social power in being with people in a space in an embodied and affective way, particularly in a time when we're incentivized to be alienated from each other and ourselves. To be in spaces with people you have something in common with is good for your mental health and capacity for resistance.

It's also vital to recognize the exclusions implicit in *we* and *ours*. London's so-called queer spaces have often been inaccessible or unwelcoming to women, people of colour, people with disabilities, trans people, older people, people who don't want to be around alcohol or drugs, and those who don't look a certain way. These exclusions are unjust and need to be acknowledged and addressed rather than ignored or reproduced.

Reclaiming is arguably something backward-looking and night venues shouldn't be the only spaces for LGBTQ+ communities. Their history shouldn't be neglected or erased, but there is a need to think about the future and what other kinds of spaces can be created which are more inclusive and meet different needs within the community. We are asserting the importance of creating new spaces and having the right to carve out space in new civic structures that are emerging.

Common Good: 'Queer spaces could be a model for how all spaces should be: not organized around commerce, competition and quantifiable commodities.' The Posh Club – weekly social and showbiz event for older people run by the queer performance collective Duckie.

Common Good

This could relate to what the Black Cap means for Camden, as an iconic space on the High Street even for people who are not LGBTQ+, or what the Royal Vauxhall Tavern means for Vauxhall as a flagship venue. Queer spaces could be a model for how all spaces should be: not organized around commerce, competition and quantifiable commodities. Performance and experimentation that is exciting, engaging and rewarding can only exist in spaces that are not concerned with maximizing profits.

Common good has to do with resisting transactionality. Neoliberalism is pushing transactional relationships between people in a large proportion of human interaction. Everything is treated as a competition, creating winners and losers. This is damaging, harmful and limiting. So this is not a model for spaces for common good. Particularly in London there is the view of urban spaces as a form of capital, as commodities. This was the case with the Grenfell fire[6] for example, as people were told even as their homes burned down, 'too bad if you can't afford to live here'. The logic is that if the relationship doesn't generate profit it's not valuable. The postwar consensus of common good, even if flawed, doesn't exist any more. Values such as respect, racial harmony, human rights are not non-negotiable any more for some people.

Fun: 'Fun is a way of building muscles to change things and try out new ways of doing in small steps.' Performer Timberlina at the Royal Vauxhall Tavern.

Fun

At the moment a lot of things are broken in our society and aspects of that are alarming and terrifying. It's easier to look at negative trends and have a dystopian view. But change also opens cracks and crevices, opportunities to start new things and different things. A good way of working towards them is by having fun. This can be a test bed for imagining different rules and putting them into operation. Fun is a way of building muscles to change things and try out new ways of doing in small steps. It's important to have spaces where it's possible to have queer fun, playing with ideas, feelings and relations. Fun is a powerful secret weapon because it's trivialized and patronized from the liberal perspective. You can get away with a lot if it's framed as 'fun' because it's seen as inconsequential. Fun can serve a function of relief but also to articulate ways of resistance and imagining utopias.

In our campaign around the Black Cap we have been holding a vigil for the venue on Camden High Street every Saturday for the last two years. This involves some spectacle, performance, people talking, singing and laughing. We are not angry, we are not disengaged. Celebrating the Black Cap as a place for fun gives people permission to engage in their own way, to tell their stories of being in that space. If we had been shouting angrily on the High Street for two years it would be getting old. The power of protest is contingent upon resisting existing structures. There is something subversive and a bit utopian about doing this on our own terms.

A lot of people don't have very much fun so it's important to let them know fun is possible and accessible. We need to find things to look towards as well as fighting against. Fun is a powerful technology to try out things that will take you in different directions.

Notes

1 Lesbian, Gay, Bisexual, Trans, Queer and others
2 The largest cultural-listings magazine in London
3 A pub/nightlife venue in the north London borough of Camden
4 A pub/nightlife venue in the south London borough of Lambeth
5 In 2016 Sadiq Khan, the Mayor of London, created the new post of 'Night Czar' for London, a role intended to protect the nightlife economy and culture of the city. Amy Lamé – LGBTQ+ nightlife host, performer and producer and author – is the first Night Czar.
6 This was a fire in June 2017 in Grenfell Tower, a high-rise social-housing block in north-west London, in which 72 people were killed. The very high death toll was linked to the flammable cladding installed on the building to improve its appearance as part of a regeneration effort, and the lack of fire-safety measures in the building.

London Gypsies and Travellers (LGT)

Clemmie James

London Gypsies and Travellers is an organization that challenges social exclusion and discrimination in public life, and in policy and legislation at local, London-wide and national levels, working for change in partnership with Gypsies and Travellers.

Clemmie James is the Community Development and Campaigns Officer at LGT. Over the last few years she has supported residents groups on Traveller sites to identify issues that affect them and liaise with local authorities to get these solved. For example, the impacts of site relocations in Newham and Tower Hamlets due to the Olympic Park and Crossrail developments.[1]

Clemmie also supports Gypsy and Traveller community members who are self-employed or seeking to start their own businesses. For example, she has worked with men in the scrap-metal trade to understand the negative impacts of the 2013 Scrap Metal Dealers Act[2] and ask the government to conduct an early review. Clemmie has also developed a training programme for young women looking at pathways into self-employment that are manageable alongside other responsibilities, such as being mothers or carers – for example, in floristry, hair and beauty, and catering. An important aspect of her work with individuals has been addressing the problem of domestic abuse, which underpins many of the barriers to the community getting involved in initiatives related to training, accommodation and activism.

Reclaim our Spaces: A gypsy camp in the east of London threatened with eviction by the construction of the new Crossrail train line (in the back of the photo the ventilation shaft of Crossrail can be seen).

Reclaim our Spaces

Because of the legislation and policies that forced most Gypsies and Travellers to settle, over the last few decades the caravan has become a mere symbol of their ethnic identity, as it rarely moves any more and has lost its practical purpose for many community members. For those who live on Traveller sites and on encampments, it's not the caravan itself that is the most important but the space between caravans: the doorstep and the social spaces that emerge between homes. That's where community happens, where children play, where people talk to each other. This is also a reason why fairs are still very important for Gypsies and Travellers, as spaces where they can meet, where economic exchanges happen, where the culture can still be performed. That space shrinks immediately when people are forced to live in houses and flats. The dilemma of ethnic identity is amplified for housed Gypsies and Travellers, who make up over 80 per cent of the community in London. For some, the struggle is not necessarily related to the type of dwelling they're in but dealing with isolation and loss of family and community support. For others, however, the added loss of identity associated with the caravan has taken a great toll on health and well-being. Even more difficult is the struggle to have their need for living on a site recognized as legitimate.

If there were a choice between fighting for the ability to travel again and fighting for more caravan sites, perhaps most Gypsy and Traveller activists would prefer the first. Campaigning for more sites is a residue of what the community can still fight for. As local authorities are required to identify land for more caravan sites, it feels like this is the only hook on which Gypsies and Travellers can hang their identity and claim a visible space in the city. There are some very good examples of sites that are integrated in their neighbourhoods and fit very well among Victorian terraces, high-rise blocks, nurseries, parks and boaters communities. Other sites have been built in very polluted areas, near highways or railway lines, or have become very ghettoized, surrounded by high walls and barbed wire. However, I believe that this line of campaigning is still important because we ask for a society in which there is flexibility, allowing different cultures to live the way that suits them and where there is the physical and political space to enable this.

Common Good

In working with a community that faces systematic prejudice and exclusion and has always found itself on the fringes of society, we have not explicitly addressed the notion of the common good in our recent campaigns and activities. I believe that Gypsies and Travellers have more values in common with wider society than is ever recognized. Family is central to the culture, and this manifests in joy and celebration of bringing children into the world and supporting them throughout life. Religious and community gatherings, such as christenings, engagement parties, weddings and funerals are important events that mark significant stages in Gypsies and Travellers' lives. In trying to understand attitudes in the community towards education and how these mirror or conflict with how society values it, we have produced a short film titled 'What Does it Mean to do Well?' Through interviews with community members from all generations, the strongest message coming across related to being close to family, looking after children and ensuring they have the best chances for education and development – all principles shared with mainstream society.

Common Good: 'I believe that Gypsies and Travellers have more values in common with the wider society than is ever recognized.' The church is an important place of community for many Gypsies and Travellers.

Despite this, a lot of the public perceptions surrounding Gypsies and Travellers emphasize difference, reinforcing feelings of distrust and isolation. For example, housing and planning policies often exclude the provision of caravan sites because they are seen as meeting a minority need, compared to the pressing general accommodation crisis. Pushing for high-density profitable development is an interpretation of common good which discriminates against those with needs and cultures that differ from the mainstream. Yet politicians have repeatedly claimed that Gypsies and Travellers take advantage of the planning system due to their ethnicity, and have changed how the community is defined for planning purposes to exclude all those who have permanently settled. Being oppressed and prohibited from living their culture – similarly to other nomadic communities around the world who have been forced to settle – has prevented Gypsies and Travellers from thriving and being seen as 'integrating' into mainstream society.

I think it's difficult to use the concept of the common good when working with diversity of culture and needs, as it requires the recognition that these communities don't start from an equal standpoint and that institutions, policies and public opinion have to take into account these disadvantages and build on messages of solidarity rather than divisiveness.

Identity: 'We are asking people to be nothing else but themselves and to move away from being categorized and judged only according to their ethnicity.' Marian Mahoney, LGT trustee and Irish Traveller activist from the Old Willow Close site in Tower Hamlets.

Identity

Historically, Gypsies and Travellers worked while they travelled, and 'pulling off' seasonally was associated with making a living. Young men would leave school early to work with their fathers but in the 1980s and 90s it became increasingly difficult to continue moving around in large family groups. The 1994 Criminal Justice Act removed the duty on local authorities to identify spaces for authorized caravan sites and increased eviction powers. Nowadays leaving school early is still quite common, but the opportunities to travel and work have almost disappeared and unemployment is very high. The young generation is facing the traumatic repercussions of Gypsy and Traveller identity caused by legislation and enforcement introduced a few decades ago. Children growing up on caravan sites now are not likely to continue living in the traditional way. There is a feeling shared by many parents that they would not know what to do if they were able to travel again, that the resilience and independence central to their culture has been lost through settling.

Many Gypsies and Travellers taking the role of community activists feel pressed to speak with only one voice and fight for a single cause, which is shaped by this conflicting ethnic identity. I've recently worked with four inspiring Romany Gypsy women who have a high profile in the world of civil-society organizations, exploring the implications of focusing on just one aspect of identity. While these activists play a multitude of roles as mothers, workers, authors and academics, they are often recognized and valued publicly only as 'community representatives'. For the majority of Gypsies and Travellers the stigma associated with this identity can be crippling, leading them to hide who they are. Deeply engrained prejudice has made people extremely insecure and shy outside of the safe spaces of their social networks. These kinds of conversations are very important but difficult to justify in a context where charities are required to deliver 'hard', measurable outcomes to sustain their funding. This poses questions about the ability of community development and organizing to respond to the reality of the challenges facing Gypsies and Travellers in reframing not only public stereotypes but also the values, emotions and discourses embedded in their culture.

Our current focus is on a campaign developed together with members of the community which seeks to start addressing the persistent prejudice and discrimination facing Gypsies and Travellers. The campaign, named 'We are all so many things', portrays five Gypsies and Travellers who are active in LGT but also in their communities and neighbourhoods, who perform multiple roles and identities in their day-to-day lives. Through this work we are asking people to be nothing else but themselves and to move away from being categorized and judged only according to their ethnicity.

Notes

1 The Olympic Park is an urban development area at the site of the London 2012 Olympics, and Crossrail is a major ongoing transport-infrastructure project.
2 UK legislation regulating scrap-metal dealing with the intention of preventing metal theft. It places heavy administrative burdens on metal dealers.

Migrants' Rights Network

Sofia Roupakia

Sofia Roupakia

In 2012 the Home Secretary, Theresa May, promised to create a 'hostile environment' for irregular migrants in the UK. Since then a raft of policy measures have been introduced that prevent irregular migrants from accessing basic services. Anyone found without papers faces severe punishments, and this immigration enforcement relies heavily on the co-operation or coercion of the wider society.

The Migrants' Rights Network (MRN) is a UK-based NGO, established in 2006, that aims to strengthen the voice of migrants in public debates and to ensure recognition of migration as a key component of economic progress and development, in the creation of culturally rich and diverse societies, and in the promotion of human, political, social and economic rights, and gender equality.

Sofia Roupakia is the former London Projects Manager at MRN.[1] She has worked on a three-year project monitoring the impact of 'hostile' immigration legislation, (i.e. the 2014 and 2016 Immigration Acts) on London's migrant communities. Sofia has a very long track record of community development, working with marginalized or vulnerable communities in London to help people understand the British system and improve their life circumstances. As a Greek national she was shocked at the plight of refugees and the way that most EU countries have absolved themselves of their human-rights responsibilities. Northern European countries in particular have a lot to answer for regarding the turmoil in Africa and the Middle East and colonization. She wanted to engage with this work and try to make a positive difference by helping migrants assert their rights.

Reclaim our Spaces

For migrants, access to spaces and services is being denied by legislation. This goes beyond the fact that neoliberal development takes away public space. It's not just money that strips away migrants' access to public goods and services. What people try to resolve are the personal problems: the fact that you might be homeless very soon, being unemployed or being abused by your employer, domestic violence and so many different everyday issues. When you talk about the rights to space and the city, it is a very strange idea for people who are vulnerable migrants. To be able to claim a space you need to have some roots, and for migrants it's particularly difficult to get to that point. But there are some examples of claiming rights and space, for instance, in terms of workers' rights, the Uber[2] drivers who took their employer to court.

At the regional level, at City Hall, during the community engagement process we have had to build up alliances with wider civil society and apply a lot of pressure to be included in the process. Thankfully there is a new Mayor, himself the son of migrants, who appears to be more BME-friendly,[3] a bit more open. But even in this environment you

Reclaim our Spaces: You still have to make the case to policymakers to recognize grassroots community groups and how they have contributed to the shaping of the city. The Notting Hill Carnival is a festival brought to London by immigrants from the Caribbean.

still have to make the case to policymakers to recognize grassroots community groups and how they contribute to the shaping of the city. What we have been asking for is greater access for migrant communities to those spheres. For example, the Police and Crime Plan for London and the Health Inequalities Strategy have made a really big impact on marginalized communities in London.

In terms of the human-rights responsibilities of the state, we are now in a moment of turmoil. This can go either way, depending on how migrant communities are able to mobilize and how united people are. London's diversity brings enormous strength to communities due to the diversity of views, ideas and understandings about what it is to be part of a society. But if there isn't appropriate support to help formulate a plan of action, this diversity often becomes a hindrance. Whether you fall on the wrong side of the law depends very much on your understanding of what the rules are, but many people don't have the luxury to engage and understand these norms and structures.

Common Good: 'When City Hall structures bring "expert" panels to debate and decide policy, we are trying to get them to recognize the validity and value that voices from the community would bring to the table.' Photo: A community-led planning event in a church crypt in South London.

Common Good

This is a problematic idea because in the UK the version that we have is that of the mainstream established political elites, who do not necessarily represent the majority, as we've seen in the 2017 general election. So what is 'common good' and who decides this? For migrants, if they don't have the right status, they are also excluded from shaping the common good. For me the common good is a positive outcome for society as a whole, whether it's monetary or of another kind. It is the process of collective action and one's ability to participate in the public and political spheres. As a migrant, even if you make a positive contribution to the system you still have no right to define what this common good is, and that's why it is such a loaded and contested term. I think the important thing is that societies are fluid and, even as we speak, change happens. In the UK, the late 1990s and early 2000s seemed to be the best period in terms of defining identities and the common good. There was huge attention to and investment in community development from the Labour Government, to help diverse communities establish themselves and be a real force for social cohesion.

Currently, at the community level, frontline migrant and refugee support organizations are operating with ever decreasing funds and reduced capacity. They struggle to meet increasing demand for support over issues such as having no recourse to public funds, lack of access to healthcare, rough sleeping and charter-flight deportations of specific sections of migrant communities who are rounded up in very violent ways. So ideas like the 'common good' or reclaiming of spaces are not even on their radar. Solidarity is important and it's something we are trying to maintain. By collaborating with Just Space we are trying to bring migrant communities together with wider civil-society groups and other networks to shape debates at City Hall.

We are trying to make the Mayor's office understand diversity and the benefits of embracing and nurturing it. Small businesses sustain local communities but at the moment they don't get sufficient recognition. We have been looking at the impacts of immigration enforcement on businesses over the last three years and over 90 per cent of those penalized are SMEs[4] owned by people from BME backgrounds. But they're not the only ones employing migrants: big businesses that operate in the lower-waged economy do the same things but don't get the same treatment. So you can imagine what it means for a small restaurant or beauty salon when it has to pay a large fine because it employs local people. When City Hall structures bring 'expert' panels to debate and decide policy, we are trying to get them to recognize the validity and value that voices from the community would bring to the table. We strongly believe that if policy-makers take on board the interests of the community, and not just big business, they will come up with policies that are more reasonable than what is offered at the moment and might be able to achieve development that is sustainable.

Rights-based Approach to Immigration

The rights-based approach to migration is the key guiding principle of MRN and focuses on the most marginalized groups in society. The approach is to advocate and support the rights of migrants in the host country so that they are able to access housing, employment and education – all the basic things that make a person thrive. We look at how legal and structural controls at the state level violate the basic human rights that we all have. If you do not have the right to the live in the UK, you are denied access to healthcare, education, housing and a bank account as a result of the checks that educators and healthcare professionals or even the private sector, such as banks or landlords, have to carry out. This legislation turns the whole society into immigration agents of the state, and vulnerable migrants are exploited, discriminated against and marginalized further.

Rights-based Approach to Immigration: The current anti-migrant rhetoric brings hostile and war-like language into people's homes and lives.

Through holding the secretariat for the All Party Parliamentary Group on Immigration, we build alliances across the political spectrum to facilitate debate and to contest specific pieces of legislation that have a negative impact on the host society as well as migrants so that positive change can happen. This legislation and policy, rather than being a rational choice to create a fair immigration system, has been based on anti-migrant rhetoric over the last 10 years, representing migrants as undesirable, and bringing to the surface deep-seated prejudice and xenophobia, which will have a negative impact on the wider society. Also, by stripping away the rights of migrants it pushes vulnerable immigrants in precarious employment into destitution and further exploitation.

There are so many types of migrants and myriad ways in which they fall through the net and on the wrong side of the law because the measures are so arbitrary and illogical. In the UK, creating a hostile immigration environment is a policy aim and this is done through creating a war-like language in the sphere of immigration. Immigration barrister Colin Yeo[5] traces how language related to the military, for example in guides for journalists going into war zones, has slowly passed into public policy use after the 9/11 attacks, particularly in relation to tackling high crime but also with regards to immigration. The 'hostile immigration environment' and the polarization of pro and anti debates on immigration burned me out. I felt I could not continue to be part of this field as I believe that in order to tackle something so contested people on all sides need to listen to each other and try to find some middle ground.

Notes

1 Sofia left MRN and moved back to Greece a few months after our interview.
2 In 2016 a number of drivers working for Uber, the ride-hailing app, won a court case challenging Uber's failure to respect basic workers' rights, such as the minimum wage, sick pay and paid holiday.
3 BME means 'Black and minority ethnic' and is a public-policy category in the UK. The mayor at the time of writing is Sadiq Khan.
4 Small and medium enterprises.
5 Colin Yeo, 'The hostile environment: what is it and who does it affect?' May 2017, Free Movement: www.freemovement.org.uk/hostile-environment-affect/

The Ubele Initiative

Yvonne Field

Yvonne Field

Ubele is a word adapted from Swahili that means 'the future' or 'the way ahead'. The Ubele Initiative legally formed as an organization in May 2014, seeking to support and develop a sustainable model of leadership for African-diaspora communities across London and the UK. The initiative emerged from dialogue with Black communities and a research project on the loss of spaces and insecurity of community assets, as 25-year leases provided in the 1980s are now running out. This resulted in a report named 'A Place to Call Home' and an online map with audio recordings of stories and testimonies related to these concerns. The report found that the leadership of community spaces was ageing, there was no succession planning and even the places that have secure leases are struggling to develop sustainable plans.

The vision for Ubele has always been that it's an international organization whose main mission to create sustainable communities. Other objectives include facilitating learning, developing strategic partnerships and connecting with the diaspora. They are developing a 'spokes and wheel' model where Ubele is at the centre, closely linked with a network of other organizations, offering them training, linking them into their own and other projects and creating international opportunities.

Yvonne Field is the founder and CEO of the Ubele Initiative. She was born in London of Jamaican heritage. Her parents came to Britain after the Second World War and she is first-generation Black British. From an early age she was introduced to activism and resistance and learned that you can influence the system. Yvonne has always been involved in communities, either through working in community education, young women's development or through her consultancy on social issues. The role she has played in all of her work was to act as an intermediary, a person trying to give space and voice to people who aren't heard, including younger and older women, Black communities, young people, and migrant and refugee communities, while trying to push the system to change. She has also been actively involved in campaigns around her local area, Tottenham, such as saving the Chestnuts Community Centre from closure and pressing for local Black businesses to be included in the Tottenham Green Market.[1]

Reclaim our Spaces

As a message, 'reclaim our spaces' is about pushing back at the development and land grab of London because people are being displaced as a result. To me, this is saying that we were here first, 'we' being the diversity of communities in London. Unfortunately for me, the Grenfell fire[2] is a symbolic metaphor for how people in London have been treated with disdain – what has been done to them rather than with them, as they have not been listened to at all. We're like an underclass in this conversation about the future of London. For me, 'reclaim our spaces' is about the empowerment of communities, as well as about the physical spaces they are being moved from. It is about collective voice. We are taking leadership and ownership and pushing back against the vulnerability that many community groups are facing.

Reclaim our Spaces: 'For me "reclaim our spaces" is about the empowerment of communities, as well as about the physical spaces they are being moved from. It is about collective voice.'

As a collective, it's about being able to draw strength from the fact that you are not alone in this; there's a common experience and we can support each other and share resources. On the ground, campaigning is very hard work and most communities affected are not in the position to have paid staff and capacity, as people often need to work three jobs to make ends meet.

Reclaim Our Spaces is also the name of an alliance of community groups and activists on the ground fighting the displacement of poor communities and for the protection of community spaces. In collaboration with Just Space, we held an event at Conway Hall in 2016 to bring people together and share our common stories. We've had a few meetings since then and we have developed a manifesto. The initiative feels like it's on the edge of something very useful, particularly the mapping of community groups and campaigns in London, which allows people to see what's going on. We also talked about trying to share common resources, like lawyers and planners, because every campaign is a battle starting from ground zero every time. We will also be meeting with the Deputy Mayor of London shortly.

Common Good: 'Ubele's focus is to develop the next generation of leaders, young people aged between 18 and 30, who have really clear values which come from that place of common good.' Photo: Participants in an intergenerational leadership-mentoring scheme run by the Ubele Initiative.

Common Good

This is an interesting phrase because it depends on what's seen as 'the common' and what's seen as 'the good'. There is also an issue with messages or movements being appropriated for other causes. For example, Black Lives Matter[3] was associated with the campaign to shut down an airport in London. Because there are so many differences in society, so much diversity and conflict, for me it's more about finding common ground in the different areas of activism, such as education or migrants' and refugees' rights. What I like about Just Space is that it has so many different priorities and so it creates space for people with varied interests to come together when they might otherwise not engage with each other.

Ubele's focus is to develop the next generation of leaders, young people aged between 18 and 30, who have really clear values which come from that place of common good. One of our projects, Mali Enterprising

Leaders, is a pilot intergenerational programme involving three organizations in London and two in Manchester. They aim to support younger leaders and older leaders in making their organizations sustainable in terms of governance, funding and increasing capacity. I think it's quite a long and complex process because they have to look at the needs of their community as well as embrace change. Austerity measures for the past eight years have decimated our public and community services, and poorer communities have suffered as a result.

I noticed that some of our older leaders can be rather insular. We also noticed that women had been the real leaders but were not recognized. This now has to be a priority area, in particular around young women's leadership. So we're focusing on the young women but also doing some interviews with older women leaders who have been at the forefront of their communities, to share experiences and learn from each other. In my experience, women are much more open to being collaborative in how they work; they are more flexible and supportive of each other.

The common good isn't a concept that we use, but it's interesting to think what other values in our work might resonate with this, such as equality, empowerment, voice and access. I would say it's more about common ground, and in achieving that you still have to accommodate those who need their own space.

Ubuntu

The concept that I chose to discuss is *Ubuntu*,[4] and I brought with me something that embodies this: a Zulu pot from South Africa, which is usually created by women. I have started doing some work exploring how Ubuntu can be woven into the concept of leadership. It is a relational concept, the way it's described is 'I am because you are'. It talks about the importance of relationships; we would say that it takes a village to raise a child. With the spokes-and-wheel model it's not just us assisting other organizations, it's also about them assisting us. The driving principles are of people and relationships over things; of decision-making that is more participatory even if it takes a longer time; of reconciliation as a way of solving conflicts. It's interesting to look at the power dynamics and the tension between needing to get something done and the process being emergent and organic. What I see when I go to South Africa in terms of Ubuntu principles on the ground really challenges some of the stereotypes about family practices, family life and gender roles.

Ubuntu: a Zulu pot from South Africa, created by women.

Because it is uniquely from Africa, we want to see if it's something we can adopt and adapt. It embodies the essence of who we are in the world so we're looking at the attributes and the ways of working that Ubuntu could support. Many of the models that we currently embrace come from North America and from within academia. Actually we have so much knowledge of communities and what they need but it often sits in universities, and the link between academia and communities is often very weak.

We use creative methods in our work as they allow for a diversity of ways to express or articulate ideas. For example, we often call on our ancestors and use drumming to open sessions. When we designed workshops for 'A Place to Call Home', we used iPads to collect thoughts and ideas. They were projected on the screen as word clouds; this was a participatory approach, working collectively. These types of approaches can be more inclusive and can offer another lens through which to observe what you are doing. I think for communities it is enabling them to claim their power, to validate what they're doing in ways that have meaning to them; to co-produce knowledge that can help challenge the relationship with academics who are often presented as the experts.

Notes

1. Tottenham Green Market is a weekly market supported by Haringey Council.
2. See p. 85, note 6.
3. An international activist movement, originating in the African-American community, that campaigns against violence and systemic racism towards black people. It targetted London City Airport in September 2016 because the 'climate crisis is a racist crisis'.
4. A word in the Nguni languages of South Africa.

Reflections: Multiple visions of the 'Right to the City'

Alexandre Apsan Frediani, Barbara Lipietz and Julian Walker

Ever since Henri Lefebvre first used the term in 1968, the concept of the 'right to the city' (RttC), has been taken up and debated in the academic field of cities and urban development. While the purpose of this book has been to explore grassroots narratives linked to this concept, it is helpful to relate these grounded perspectives to wider debates in the thinking and practice of the RttC.[1] There has been much debate around competing interpretations of Lefebvre's concept, for example, whether it is more an analytical approach or a propositional agenda, or the tensions between Marxist and libertarian readings of Lefebvre and whether appropriation and participation, as hallmarks of the RttC, should be determined autonomously or through a more top-down, prescriptive reading of what forms these should take (Lopes de Souza, 2010). At the same time, various authors have also focused on different aspects of the RttC, such as the market vs social/use value of land and housing, the insidious privatization of public space, urban processes of dispossession by accumulation, and the embodied experience of the city and city imaginaries. Increasingly, however, what these authors share is a concern with the growing dominance of capital (and specifically finance capital) in the production and experience of urban space. In particular, the term has '... served to correlate a common set of crosscutting concerns that have emerged from a particular global pattern of capital accumulation and dispossession'. (Görgens and van Donk, 2012: 4). Arguably, this is a contemporary reworking of Lefebvre's critique of the stifling and alienating effects of 'modernity' – promoted both by the market *and* functionalist urban planning – in an era marked by the creeping effects of generalized deregulation (Morange and Spire, 2015).

It is worth highlighting that while the concept has been a focus for academic debate, it has also been taken on board by social movements at different scales, as well as NGOs and even some state bodies (as has been the case with the Statute of the City in Brazil) to articulate a myriad of demands. It had particular traction among civil-society actors through discussions within the World Social Forums, which culminated in the 2005 World Charter on the Right to the City, and gained new energy through the formation of the Global Platform for the Right to the City in 2014 (Global Platform for the Right to the City, 2014).

There is, however, debate around the applicability of the RttC for social movements. Many civil-society groups do not mobilize around the slogan – for example the Just Space network represented in this volume have chosen to lobby around the motto of 'Reclaim Our Spaces'. In many cases hesitance to use the terminology of the RttC is based on the view that the language of 'rights' may compromise the possibility of building productive partnerships and alliances that can lead to better distribution of resources and opportunities in cities. Some networks, particularly from Africa and South Asia, have argued that, in contrast to Latin America, rights-based approaches are not appropriate in contexts where there is a lack of trust and reliance on legislative, executive and judicial instances of the state to guarantee rights. Finally, it has been argued that the RttC might create unhelpful divisions between urban and rural struggles in contexts where experiences of the urban are very diverse and embedded in deep rural–urban linkages and movements, such as in African cities.

The chapters in this volume make an important contribution to understanding how civil actors have (or have not) taken up the concept of the RttC: showing both the relevance of the concept, and ways in which women and men on the ground are stretching it – making it relevant to their daily lives, their struggles, their desires to be recognized and be part of the city, or, in many cases, using an entirely different language to express the tensions and experiences of their urban struggles.

In this vein it is worth exploring how many of the contributions in this book echo, and/or re-frame areas of debate in the academic literature. For example, one area of contention, regarding the differentiated access and appropriation of the city beyond Lefebvre's original focus on class, can be epitomized by Fenster's challenge to the 'notion of the right to the city using a gendered and feminist critique by arguing that the identification of the right to the city lacks sufficient attention to patriarchal power relations' (2005: 217). Certainly, many of the authors in this volume have highlighted their particular experiences of the right to the city, in terms of structures of exclusion built around gender, but also race, disability, sexual identity and ethnicity. However, at the same time as emphasizing their unique experiences, and right to difference, authors in this book also emphasize their right to be treated as an equal, and 'the same' as other city dwellers – in the words of da Silva Caminha, 'to be treated in Gamboa as you are treated in Graça, in Corredor da Vitoria, in Barra'[2] or, as per the focus of the London Gypsies and Travellers 'We are all so many things' campaign, not to be seen only through the prism of one (stigmatized) identity.

Furthermore, the contributions in this book extend from a focus on exclusion to also celebrate the unique claims and strategies of mobilization linked to particular groups such as black women, Gypsies and Travellers, disabled activists and LGBTQ+ people, often embedded in particular histories, places or lives: women leaders from black urban fishing communities; migrant traders building a community in a foreign place or artists and performers from the city peripheries. An interesting element that comes out of these narratives is the particular strategies of engagement described (many of which cut across Salvador and London). Thus the idea of 'fun' as a space of politics for LGBTQ+ activists, the importance of celebrations such as the Notting Hill Carnival for validating migrants in London, and the playful and subversive obstruction of the corridors of the UK Parliament by DPAC[3] in London are echoed by the importance of community celebrations as a space for solidarity in Nordeste de Amaralina; creativity, art and culture as a vital entry point to urban politics in Saramandaia; and the work of the Acervo da Laje. Arguably, these experiences echo Lefebvre's injunction to 'oeuvre' at the centre of city-making processes.

The contributions in this volume also suggest that where grassroots actors do mobilize around the concept of the RttC, instead of focusing on it as a 'working slogan and political ideal' (Harvey, 2008), they have perhaps rather been approaching it as an 'ethos of engagement' (Frediani, forthcoming; drawing on Marcuse, 2010; Sugranyes and Mathivet 2010), guiding particular ways of mobilizing towards the production of a more equitable city. This 'ethos of engagement' can be defined in relation to three characteristics, each of which is evident in different ways in the narratives presented by the different authors in this volume.

First, it is an umbrella concept that allows the connection and sharing of diverse experiences of exploitation generated by market-led processes of urban development. While, as discussed above, many narratives challenging exclusion in this book relate to particular circumstances and identities, there are common themes relating to the expansion of the market and the shrinkage of the role of the state in delivering city dwellers' rights. On the one hand are accounts of displacement based on the commodification of the city (for the tourism industry in Pelourinho, for property speculation in the case of LGBTQ+ nightlife venues, and migrant-traders' spaces in London, or plans to develop 'Alphavilles' in Saramandaia). On the other hand are accounts of the diminishing scope of the state to deliver rights – be it for disability allowances and housing provision, Gypsy and Traveller pitches in London, or basic infrastructure and services in communities such as Gamboa, Nordeste and Saramandaia in Salvador.

Second, this concern with the changing role of the state and the market in building, maintaining and sharing our cities reflects grassroots groups' efforts to go beyond addressing the manifestations of urban inequalities to challenging their root causes. As articulated by Marcuse, the RttC 'leads to an examination of what makes the system tick, what produces the pain and what produces the benefits it achieves, what its weaknesses and its strengths are — beyond what a simple analysis of the causes of individual problems and subsystems produces' (Marcuse, 2010: 89). However, as the contributions in this book highlight, these underlying causes are complex and multiple, linking colonial legacies, structural racism, the political exclusion of particular groups and the pervasive political endorsement of economic growth as a key metric of urban development.

Finally, the RttC as an ethos of engagement reflects civil-society groups' work to articulate alternative visions of urban development. The RttC ethos of engagement is about capturing and recognizing the diverse articulations of such concepts, rather than amalgamating them into one vision of a good city. Therefore, the RttC is often understood not as a defined project but rather as constituted by a network of claims and mobilizations led by grassroots groups interested in linking local concerns, practices and narratives with global processes. This clearly reflects the ways in which the groups and movements described in this book depict multiple visions and proposals for their cities: new, or different, ways of inhabiting the city; new urban values and cultures; and new ways of expressing citizenship.

However, as we hope this book has made clear, understanding the RttC as an ethos of engagement requires an approach that is rooted in the experiences and claims of struggles embedded in local contexts, with relevance and connections to global actors and processes. Such claims, driven by networks of civil-society entities (including social movements, associations, collectives, NGOs, activists and academics) articulate their own discourses and languages associated with the struggles towards a more socially and environmentally just process of urbanization. In this context of localized practices as well as global alliances, the RttC emerges as a potential space in which to build solidarity and enable learning. The RttC is a potential point of encounter, rather than a departure or arrival; it is an ethos rather than a recipe.

Notes

1 For further reading please see an introductory bibliography on this body of literature at the end of this chapter.
2 High-income neighbourhoods in Salvador.
3 Disabled People Against Cuts.

References

Fenster, Tovi. 'The Right to the Gendered City: Different Formations of Belonging in Everyday Life', *Journal of Gender Studies* 14, no. 3 (2005): 217–31.

Frediani, A.A. 'The "Right to the City" as an Ethos of Engagement: Lessons from Civil Society Experiences in the Global South'. In *The Right to the City, the Right to Difference: Methods and Strategies for Local Implementation*, edited by E. Garcia-Chueca, 106–11. Barcelona: CIDOB Monografias (forthcoming).

Global Platform for the Right to the City. *Guiding Document: Organization and Mobilization of the Global Platform for the Right to the City: Action Plan and Thematic Axes*. São Paulo: Global Platform for the Right to the City, 2014. Accessed 15 February 2019. https://tinyurl.com/z49u6hn

Görgens, Tristan and Mirjam van Donk. 'Exploring the Potential of the "Right to the City" to Integrate the Vision and Practice of Civil Society in the Struggle for the Socio-Spatial Transformation of South African Cities'. Paper presented at the 'Strategies to Overcome Poverty and Inequality: Towards Carnegie III' Conference, Cape Town, 3–7 September 2012. Accessed 1 March 2015. https://tinyurl.com/y2flrkuz

Lopes de Souza, Marcelo. 'Which Right to Which City? In Defence of Political-Strategic Clarity', *Interface: A Journal for and about Social Movements* 2, no. 1 (2010): 315–33.

Marcuse, Peter. 'Rights in Cities and the Right to the City?'. In *Cities for All: Proposals and Experiences towards the Right to the City*, edited by Ana Sugranyes and Charlotte Mathivet, 87–98. Santiago: Habitat International Coalition, 2010.

Morange, Marianne and Amandine Spire. 'A Right to the City in the Global South?', translated by Oliver Waine, *Metropolitics*, 17 April 2015. Accessed 1 October 2019. www.metropolitiques.eu/A-Right-to-the-City-in-the-Global.html.

Sugranyes, Ana and Charlotte Mathivet. 'Cities for All: Articulating the Social-Urban Capacities'. In *Cities for All: Proposals and Experiences towards the Right to the City*, edited by Ana Sugranyes and Charlotte Mathivet, 13–21. Santiago: Habitat International Coalition, 2010.

Introductory Bibliography on the Right to the City

Alves dos Santos Junior, Orlando. *O Fórum Nacional de Reforma Urbana: Incidência e exigibilidade pelo direito à cidade* (Cadernos do FNRU 1). Rio de Janeiro: FASE, 2009.

De Viveiros e Oliveira, Liana Silvia. 'Práxis de política urbana no Brasil: Movimentos e articulações nacionais e internacionais na construção do direito à cidade'. PhD thesis, Universidade Federal da Bahia, Salvador, 2018.

Fernandes, Edésio. 'Constructing the "Right to the City" in Brazil', *Social and Legal Studies* 16, no. 2 (2007): 201–19.

Fernandes, Edésio and Betânia Alfonsin. 'A construção do direito urbanístico brasileiro: Desafios, histórias, disputas e atores'. In *Coletânea de legislação urbanística: Normas internacionais, constitucionais e legislação ordinária*, edited by Edésio Fernandes and Betânia Alfonsin. Belo Horizonte: Editora Fórum, 2010.

Friendly, Abigail. 'The Right to the City: Theory and Practice in Brazil', *Planning Theory and Practice* 14, no. 2 (2013): 158–79.

Harvey, David. 'The Right to the City', *New Left Review* 53 (2008): 23–40.

Lefebvre, Henri. *The Production of Space*, translated by Donald Nicholson-Smith. Oxford: Blackwell, 1991.

Lefebvre, Henri. *Writings on Cities*, translated by Eleonore Kofman and Elizabeth Lebas. Oxford: Blackwell, 1996.

Lima, Adriana Nogueira Vieira. *Do direito autoconstruído ao direito à cidade: Porosidades, conflitos e insurgências em Saramandaia*. Salvador: EDUFBA, 2019.

Marcuse, Peter. 'Reading the Right to the City', *City: Analysis of Urban Trends, Culture, Theory, Policy, Action* 18, no. 1 (2014): 4–9.

Purcell, Mark. 'The Right to the City: The Struggle for Democracy in the Urban Public Realm', *Policy and Politics* 43, no. 3 (2013): 311–27.

Purcell, Mark. 'Possible Worlds: Henri Lefebvre and the Right to the City', *Journal of Urban Affairs* 36, no. 1 (2014): 141–54.

Reivindicações urbanas e o direito à cidade

Perspectivas populares de Londres e Salvador

Editado por Julian Walker, Marcos Bau Carvalho e Ilinca Diaconescu

Fotografias de Angus Stewart

Esta é uma edição de acesso aberto publicada em 2020 pela
UCL Press
University College London
Gower Street
London WC1E 6BT

Disponível para download gratuito: www.uclpress.co.uk

ISBN: 978-1-78735-565-1 (Hbk)
ISBN: 978-1-78735-564-4 (Pbk)
ISBN: 978-1-78735-638-2 (PDF)
ISBN: 978-1-78735-566-8 (epub)
ISBN: 978-1-78735-567-5 (mobi)
DOI: https://doi.org/10.14324/111.9781787356382

Conteúdo

Lista de Figuras

Breve biografia dos colaboradores

Marcos Bau Carvalho é professor da Faculdade de Comunicação da Universidade Federal da Bahia, onde é coordenador do Laboratório Audiovisual (LabAV) e também é integrante do grupo de pesquisa Lugar Comum. É cineasta com formação em arquitetura e urbanismo e seus interesses de pesquisa estão relacionados à democracia e ao direito à cidade.

Ilinca Diaconescu tem experiência em planejamento urbano, pesquisa e prática com foco em participação comunitária em processos de planejamento e de tomadas de decisão. Ela participou ativamente da Just Space e é diretora de políticas da London Gypsies and Travellers.

Ana Fernandes é professora titular da Faculdade de Arquitetura da Universidade Federal da Bahia e coordena o grupo de pesquisa Lugar Comum. Seu ensino e pesquisa tratam de temas relacionados ao direito à cidade, às políticas urbanas e à cidade como bem comum.

Alexandre Apsan Frediani é Professor Associado da The Bartlett Development Planning Unit da University College London (UCL). Seus interesses de pesquisa incluem a aplicação da abordagem das capacidades de Amartya Sen em práticas de desenvolvimento; de planejamento e design participativos; e de qualificação de assentamentos informais. Alexandre colaborou com coletivos populares e agências de desenvolvimento na África e na América Latina.

Gabriela Leandro é professora da Faculdade de Arquitetura da Universidade Federal da Bahia e integrante do grupo de pesquisa

Lugar Comum. Seu ensino e pesquisa abordam temas relacionados à raça e direito à cidade; à política e história urbana; e às interfaces entre narrativas textuais e visualidades como um campo estendido dos estudos urbanos.

Richard Lee é o coordenador da Just Space, uma rede de grupos comunitários e voluntários de Londres que opera nas escalas locais e da cidade. O Just Space reúne experiências e conhecimento das diversas organizações comunitárias de Londres com o objetivo de influenciar o plano estratégico de Londres - o Plano de Londres.

Barbara Lipietz é Professora Associada da Bartlett Development Planning Unit da UCL, onde coordena o Mestrado em Planejamento de Desenvolvimento Urbano. Sua pesquisa se concentra na governança de processos de transformação urbana, explorando discursos situados em disputa e as práticas/mobilizações de planejamento utilizadas pelos vários atores para capturar ou orientar as mudanças urbanas em curso.

Kamna Patel é Professora Associada da Bartlett Development Planning Unit e Vice-Reitora da Faculdade de Igualdade, Diversidade e Inclusão da UCL. Seu trabalho se fundamenta em feminismos anti-racistas para criticar o desenvolvimento urbano e articular práticas acadêmicas conscientes. Ela publicou estudos sobre habitação, posse da terra, raça, gênero e desenvolvimento.

Angus Stewart é um fotógrafo que documenta há muitos anos comunidades em Londres, como as comunidades burlesca, de cabaré e de circo. Seu trabalho foca em como as comunidades são construídas ao longo do tempo por indivíduos cujas amizades têm sido desafiadas e validadas. Angus foi reconhecido por sua fotografia documental pela Royal Photographic Society.

Julian Walker é professor associado da Bartlett Development Planning Unit da UCL. Ele é um dos coordenadores do programa de mestrado em práticas de desenvolvimento social e suas áreas de pesquisa incluem deslocamento urbano e o impacto do gênero e das relações sociais interseccionais nos processos de desenvolvimento.

As descrições de outros autores aparecem nos textos de sua autoria.

Agradecimentos

A publicação deste livro só foi possível com o apoio de mulheres e de homens que contribuíram com suas sugestões, com seu tempo e nos permitiram acesso a suas redes e percepções. Somos particularmente gratos aos ativistas e organizadores comunitários que trabalharam conosco, por seu apoio, tempo e disposição para nos apresentar suas lutas diárias - isso inclui aqueles que são autores deste livro e as pessoas que fazem parte de suas redes mais amplas. No Brasil, contamos com o apoio do Grupo de Pesquisa Lugar Comum e de seus parceiros, em particular, com as contribuições de Ana Fernandes, Gabriela Gaia Leandro Pereira, Adriana Nogueira Lima, Aline Costa Barroso, André Luiz de Araujo Oliveira, José Carlos Huapaya Espinoza, Gloria Cecília Figueiredo, Leandro de Sousa Cruz, Mayara Sena Araújo, bem como dos alunos do módulo de extensão 'Política, Democracia e Direito à Cidade' da Faculdade de Arquitetura da Universidade Federal da Bahia. Em Londres, fomos apoiados pela rede Just Space e pela Reclaim Our Space Coalition, em particular por Richard Lee e Yvonne Field, que nos forneceram apoio editorial e orientação, bem como pelos alunos dos programas de mestrado em Prática de Desenvolvimento Social e em Planejamento e Desenvolvimento Urbano da Bartlett Development Planning Unit, da University College London, e seus coordenadores, Alexandre Apsan Frediani e Barbara Lipietz. Gostaríamos também de agradecer a Vanessa Mendes, que assumiu a enorme tarefa de traduzir este livro e apoiar o trabalho de campo, e Aciel Alves de Jesus, que traduziu as discussões com os autores e apoiou os ensaios fotográficos no Brasil. Somos gratos ao apoio financeiro do programa 'Liberating the Curriculum' da UCL que possibilitou a pesquisa e publicação deste livro.

Prefácio

Gabriela Leandro Pereira

Embora os contextos brasileiro e inglês sejam distintos em muitas dimensões, a cidade, nos dois países, se realiza, dentre outras formas, enquanto território de inúmeras disputas e lutas pela existência digna. Apesar de específicos, os modos inventados para viabilizar a vida urbana por grupos e comunidades atingidas por esses processos em Salvador e Londres, anunciam para além de diferenças, também alguns gestos de aproximação e reciprocidade quanto a intuitos, estratégias e métodos que criam para enfrentar a assimétrica e complexa geometria das relações de força e poder que incidem sobre o fazer cidade.

Os movimentos e grupos envolvidos nesse livro se conectam a partir do Grupo de Pesquisa Lugar Comum (FAUFBA/Salvador-Brasil) e da rede Just Space (Londres - UK), parceiros nessa empreitada de reivindicações e ações em direção à conquista de direitos, ainda que se distingam quanto ao formato institucional e espaços de atuação. O Lugar Comum, está institucionalmente vinculado à Universidade Federal da Bahia - isto é, uma universidade pública – e tem no cumprimento de sua função social o compromisso com uma prática acadêmica que preze pela democratização do acesso à cidade, e ampliação de direitos sociais ainda não efetivados integralmente na sociedade brasileira. O Just Space, caracteriza-se por ser uma aliança informal de grupos, campanhas e organizações independentes, articulados para intervir no planejamento urbano de Londres.

Essa publicação reúne então várias ideias de Direito à Cidade. Aquelas mobilizadas nos enfrentamentos encampados pelas lideranças e integrantes dos movimentos sociais, grupos e coletivos que militam nas duas capitais; as que surgem das reflexões dos coordenadores dos grupos

Lugar Comum e Just Space; e as elaboradas por acadêmicos comprometidos e envolvidos nos debates urbanos situados na Universidade Federal da Bahia e na University College London. Ao trazer lado-a-lado os conteúdos discursivamente formulados pelos afetados direta e cotidianamente pelos mecanismos excludentes da produção neoliberal de cidade; e aqueles elaborados a partir dos acúmulos teóricos e práticos do ambiente reflexivo acadêmico, os sentidos e operacionalidade do Direito à cidade são colocados em suspenso. O arranjo proposto faz definições e conceitos transbordarem de lugares cômodos ou seguros e apontam para a necessidade de inventar, nessa dobra, epistemologias e gramáticas compartilhadas que engendrem perspectivas mais plurais e democráticas, balizando assim reformulações e atualizações das agendas e estudos urbanos.

Introdução

Marcos Bau Carvalho, Ilinca Diaconescu, and Julian Walker

Este livro procura investigar como são compreendidos e interpretados os direitos de quem vive nas cidades e os processos de desenvolvimento urbano que estão em disputa. No entanto, procura fazê-lo a partir das perspectivas de mulheres e homens que estão trabalhando nas bases populares urbanas, de diferentes formas, com questões relacionadas à habitação, aos direitos sobre o espaço e às lutas indenitárias pautadas por raça, gênero, deficiência, sexualidade, cidadania e classe.

Essas perspectivas vindas das bases populares deveriam ser uma contribuição fundamental do campo de atuação de acadêmicos e estudantes engajados em questões de desenvolvimento urbano e justiça social. No entanto, embora as vidas e lutas de ativistas populares atuantes nas cidades sejam regularmente documentadas e analisadas na produção acadêmica, frequentemente isso acontece por meio da interpretação e representação feita por acadêmicos sobre as experiências dessas pessoas, e não por uma abertura direta de espaço para que as vozes e pontos de vista dessas mulheres e homens sejam expressos por eles mesmos. Além disso, ainda que atualmente exista um campo consolidado de pesquisa participativa sobre desenvolvimento, no qual as pessoas objetos de estudo são envolvidas nos processos, tal pesquisa participante geralmente foca mais na vida, nas experiências e opiniões de quem participa, e menos em suas ideias e análises, ou seja, não dão atenção a contribuição dessas pessoas para a teoria e debates conceituais sobre desenvolvimento urbano. Quando essas perspectivas aparecem nas pesquisas, muitas vezes são apresentadas como "vozes da margem" na disciplina. Argumentamos que, ao contrário, essas visões e experiências devem, de fato, estar no centro do nosso campo.

Priorizar as interpretações acadêmicas a respeito dos processos de desenvolvimento e de desigualdade tem sido justificado com o argumento de que a pesquisa acadêmica pode fornecer uma análise mais objetiva e 'científica' sobre os processos sociais. No entanto, atualmente a ideia do acadêmico racional, neutro, é cada vez mais questionada. Além disso, ao reconhecer a dinâmica de poder inerente à produção de conhecimento, surge a questão de que, quando se enfatiza demais as interpretações acadêmicas do mundo, as visões dos cidadãos cujas experiências estão sendo analisadas podem ser eclipsadas. Esse é particularmente o caso quando os cidadãos em questão têm identidades que são comumente marginalizadas ou desvalorizadas. Evidentemente, quando o foco da pesquisa trata da experiência da desigualdade, e de ter uma identidade subalterna, isso se torna um problema ainda maior.

Assim, embora a pesquisa acadêmica tenha, sem dúvida, uma importante contribuição a fazer, como por exemplo, acessar espaços para análises mais abrangentes e sistemáticas que percorrem espaços e experiências específicas, essa não pode ser a única interpretação da realidade trazida para os estudos de processos urbanos. Nesse sentido, este volume procura apresentar de forma direta algumas vozes e interpretações daqueles envolvidos (como ativistas e colaboradores de projetos) em lutas populares por direitos e espaços nas cidades. Esperamos que esta publicação possa funcionar como fonte de pesquisa para aqueles engajados em aprender e estudar sobre desenvolvimento urbano, o que significa que além de conceber e citar visões de acadêmicos, aqueles trabalhando no campo possam também citar atores das bases populares.

Nesse sentido, o objetivo concreto deste projeto é produzir uma série de narrativas nas quais ativistas e profissionais atuantes em dois contextos distintos explicam como compreendem e experienciam alguns conceitos de desenvolvimento e escolhem um conjunto de imagens fotográficas que sentem ilustrar sua abordagem sobre esses conceitos. Os contextos a partir dos quais as narrativas são traçadas são em Salvador e Londres, que, apesar de muito diferentes em sua história, cultura e economia, são ambos caracterizados por níveis crescentes de desigualdade e processos de gentrificação e remoção que geram uma série de lutas comuns nas cidades.

Por *conceitos de desenvolvimento* entendemos as ideias que são usadas para estruturar a maneira como vemos e compreendemos o mundo e os processos de mudança que estão ocorrendo nele. Tais conceitos têm tanto um elemento descritivo (revelando como as coisas são) quanto um elemento normativo (propondo como as coisas deveriam ser). Eles são importantes porque influenciam os tipos de intervenções que são feitas, por exemplo, em processos de desenvolvimento urbano e de governança da cidade. Eles também são paradigmáticos, o que significa que certas ideias e concepções dominam em certos lugares, períodos e disciplinas. No entanto, frequentemente, concepções teóricas dominantes excluem as interpretações e valores de mulheres e de homens que estão fora dos espaços reconhecidos de produção de conhecimento, tal como universidades, ou que não se enquadram no tipo padrão de quem é e como deve parecer um produtor de conhecimento (expresso em termos de raça, classe, gênero ou deficiência). Isso é problemático, uma vez que os conceitos de desenvolvimento de pontos de vista privilegiados descreverão o mundo apenas de uma maneira particular e farão propostas normativas baseadas em um conjunto específico de valores.

Os conceitos elaborados neste volume incluem alguns que são indiscutivelmente paradigmáticos no campo de desenvolvimento urbano, como o conceito de *Direito à Cidade* de Lefebvre, e outros que são fundamentais para moldar a concepção normativa de intervenções de desenvolvimento urbano (como por exemplo a ideia de *Bem Comum*). As narrativas também exploram conceitos propostos pelos ativistas envolvidos na pesquisa, que podem estar fora do terreno conceitual acadêmico dominante, mas que são importantes e motivadores para o trabalho de base (como por exemplo conceitos de *Esperança*, *Ubuntu* e *Direito à Memória*, que foram selecionados por algumas pessoas entrevistadas).

As pessoas ativistas e profissionais que participaram do projeto vieram de canais que articulam organizações e ativistas trabalhando com questões de justiça espacial em suas cidades: *Lugar Comum*, em Salvador da Bahia, e *Just Space* [Espaço Justo] e *Reclaim Our Spaces Coaliton* [Coalisão Reivindicar Nossos Espaços], em Londres (mais informações sobre essas redes são fornecidas abaixo). Essas organizações tinham relação já estabelecida com estudantes e acadêmicos envolvidos neste projeto por conta de projetos de pesquisa de colaboração contínua. No Brasil isso acontece por meio de um projeto compartilhado, conduzido com o Lugar Comum e suas redes de estudantes da Universidade Federal da Bahia e do programa de mestrado em práticas de desenvolvimento social [MSc Social Development Practice] da Development Planning Unit, da Unversity College London. De modo semelhante, no Reino Unido, Just Space e suas redes, incluindo a Reclaim Our Spaces Coalition, tinham uma colaboração de pesquisa em andamento com estudantes do programa de mestrado de planejamento e desenvolvimento urbano [MSc Urban Deveolpment Planning] da Development Planning Unit, da University College London.

A pesquisa trabalhou com membros específicos de organizações de Salvador e de Londres. Isso compreendeu uma variedade de grupos, incluindo combinações de organizações não governamentais, organizações comunitárias populares, grupos de ativistas, organizações culturais, e ocupações de terra para moradia. A escolha de quais mulheres ou homens seriam entrevistados para representar cada caso foi feita por cada um dos grupos envolvidos. Como descrito no contexto de cada caso, as pessoas entrevistadas são ativistas (mobilizadas em função de seu grupo de interesse e sem remuneração por sua atividade) ou profissionais (empregados para apoiar uma luta ou grupo particular), ou, em muitos casos, pessoas que são ativistas e profissionais ao mesmo tempo.

Salvador, Brasil	Londres, Reino Unido
• Acervo da Laje • Associação Amigos de Gegê (Moradores da Gamboa de Baixo) • Associação dos Moradores e Amigos do Centro Histórico (AMACH) • Associação de Moradores do Loteamento Nova República • Grupo Cultural Arte Consciente • Ocupação Luísa Mahin/ Movimento de Luta nos Bairros, Vilas e Favelas (MLB) • Ocupação Força e Luta Guerreira Maria/ Movimento Sem Teto da Bahia (MSTB)	• Inclusion London • Latin Elephant • LGBTQ+ Spaces • London Gypsies and Travellers • Migrant Rights Network • Ubele initiative

O projeto

Como apresentado acima, este livro se baseia em um projeto de pesquisa estruturado em torno de uma série de entrevistas e um ensaio fotográfico. Cada entrevista foi estruturada a partir de três conceitos. Em cada caso:

- Um conceito selecionado pela pessoa entrevistada. Pedimos para que cada pessoa elaborasse um conceito que considerasse importante no seu trabalho, como um princípio ou uma ideia central para seu grupo, ou como questões específicas que as mobilizam.

- Um conceito, explorado por todas as pessoas entrevistadas, que se baseia na idéia de Direito à Cidade. Esse é atualmente um conceito paradigmático nos campos acadêmicos relacionados à (des) igualdade urbana. Em Londres, membros da rede Just Space argumentaram que a terminologia Direito à Cidade não seria familiar aos grupos da rede e sugeriram que fosse utilizado no lugar o termo *Reivindicar Nossos Espaços*, conceito que está ligado ao sentido do direito à cidade, que mobiliza as redes da Just Space, e sobre o qual as pessoas entrevistadas têm uma posição definida a respeito. No Brasil, por outro lado, exploramos explicitamente o termo Direito à Cidade. Isso fez sentido nesse caso uma vez que as pessoas entrevistadas já são familiarizadas com o conceito, que têm sido o principal foco de trabalho do Lugar Comum, e que também é fundamental para ativistas da sociedade civil brasileira de forma mais ampla, consagrado em leis brasileiras sobre direitos humanos, tal como no Estatuto da Cidade (2001).
- Um conceito em cada entrevista foi selecionado por estudantes da University College London (UCL) e da Universidade Federal da Bahia (UFBA) que estavam participando da pesquisa. Foi pedido aos estudantes que escolhessem um conceito que gostariam de aprofundar e aprender a partir da perspectiva das lutas de base. Em Londres, estudantes dos programas de mestrado em planejamento e desenvolvimento urbano e de práticas de desenvolvimento social atenderam à uma oficina sobre a pesquisa durante a qual concordaram no *Bem Comum* como um conceito que gostariam que as pessoas entrevistadas em Londres fossem convidadas a explorar. No Brasil, estudantes da UFBA e UCL estavam trabalhando em conjunto com sete organizações brasileiras cobertas por esta pesquisa em maio de 2017 (como parte de um projeto de pesquisa e ação com o Lugar Comum). Nesse caso, cada grupo de estudantes definiu um conceito que gostariam que fosse aprofundado pela organização parceira.

Os três conceitos foram então ponto de partida para dialogar com as/os autoras/es das próximas sessões, que discorreram sobre como interpretavam cada uma dessas ideias e como as usavam (ou não as usam) em seu trabalho e campanhas.

Lugar Comum

Ana Fernandes

O Grupo de Pesquisa Lugar Comum, constituído na Faculdade de Arquitetura da Universidade Federal da Bahia desenvolve, desde 2011, projetos de extensão voltados para a elaboração e construção coletiva de planos de bairros em ocupações populares ameaçadas de expulsão ou impactadas por empreendimentos imobiliários de alto padrão em seu entorno.

Figura 2.1 Mapa das sete organizações de base que trabalham com Lugar Comum envolvidas nesta pesquisa. © Lugar Comum.

A interação entre professores, alunos e integrantes dos movimentos sociais envolvidos nas atividades extensionistas ganha mais força a partir da elaboração do Plano de Bairro Saramandaia a partir de 2012. Naquele processo, a articulação com entidades comunitárias do bairro através da Rede de Associações de Saramandaia foi motor para as experiências de planejamento realizadas, que se seguiram por quatro anos. Durante o período, ameaças de intervenção no bairro com indisfarçável apoio ao atendimento de objetivos empresariais pelos poderes públicos foram estrategicamente enfrentadas com alguns ganhos para os moradores e pesquisadores.

Em 2014 se iniciam as atividades de elaboração do Plano de bairro 2 de Julho, bairro do centro antigo da cidade ameaçado por projetos de requalificação urbana com implantação de grandes empreendimentos privados e expulsão dos moradores do local. Ambos os projetos de Plano de Bairro desenvolvidos pelo grupo de pesquisa tiveram apoio financeiro do Ministério da Educação em linhas de fomento a atividades de extensão universitária.

Esses planos geram proposições que buscam minimizar o impacto da especulação imobiliária e facilitar o acesso à habitação digna e à terra urbanizada, à mobilidade, a equipamentos e espaços públicos, à geração de emprego e renda e à reversão dos impactos ambientais. Assim, o grupo tem pautado sua trajetória de atuação pelo tensionamento de três referências conceituais: o entendimento do urbano como conflito e criação; o urbanismo como potência do comum; e a produção de direitos e de urbanidade, ou o direito à cidade, como perspectiva multiescalar, multifacetada e transitiva.

Conflito e criação derivam da compreensão de que o urbano se constitui enquanto circuito, cadeias de cooperação e dependência recíproca da vida coletiva, agenciada por relações assimétricas e de força. Transitando de uma pretensa cientificidade a seu caráter iminentemente político, o urbanismo, confrontando suas formas estatal e corporativa, se revela como lugar de possibilidades de constituição do comum.

Em 2014 também se inicia o projeto Vazios Construídos, desenvolvido com a École Polytechnique Fédérale de Lausanne (Suíça), que buscou, em conjunto com coletivos que lutam por moradia, sobretudo o Movimentos Sem Teto da Bahia, desenvolver propostas que levem a uma utilização socialmente justa dos inúmeros vazios construídos que pontuam áreas centrais da cidade do Salvador, dotadas de infra-estrutura e facilmente acessíveis.

Com o crescimento do grupo, e da troca de experiências, contatos e interesses por novos projetos, ocorre a ampliação do arco de parcerias entre a universidade e movimentos sociais e organizações comunitárias. Assim, muitos outros agentes sociais iniciam atividades diversas com os integrantes do grupo de pesquisa.

O reconhecimento acadêmico do grupo se faz através da participação de seus membros nos principais fóruns de discussão da área de arquitetura, de urbanismo e de planejamento urbano. Cooperação internacional crescente, com a École d´ Urbanisme de Paris (Université Marne la Vallée), com a Bartlett School (London) e com a École Polytechnique Fédérale de Lausanne. Há também reconhecimento social do grupo de pesquisa no campo do planejamento urbano e do urbanismo de interesse social, através de colaboração crescente com entidades como Ministério Público, Defensoria Pública, Associações de Moradores, Comissões da Câmara de Vereadores, entre outros.

Assim, compreendendo o conhecimento como intervenção no real, as ações do Grupo de Pesquisa Lugar Comum são sempre tributárias do paradigma crítico, no qual se supõe teoria e envolvimento com agentes sociais variados. Trata-se então de transitar por situações multicêntricas, apostando na elaboração de proposições alternativas do espaço, capazes de abrir outras possibilidades de ação pública e coletiva na cidade pelo viés do urbanismo em comum.

É nesse sentido que, desde seu início, o grupo busca explorar formas de fazer urbanismo e conceber projetos, sobretudo na escala do bairro, entendido como uma escala de política, de direito e de experiência. Através de planos de bairro, busca-se tornar visíveis, perceptíveis e audíveis esses espaços e seus moradores, com formulações próprias e dialógicas, o que significa poder apreender e fazer interagir as múltiplas camadas, estratos e escalas sócio-politico-culturais e existenciais e as possibilidades de sua transmutação em espaço construído e urbano, justo e democrático.

Mais recentemente, em trabalho conjunto com o Development Planning Unit/Bartlett School, essa experiência foi ampliada para a investigação de instrumentos para ação coletiva, noção formulada em alternativa às insuficiências dos instrumentos estatais e em face das constantes ameaças de destruição, desestabilização ou vulnerabilização da vida coletiva. Partilhando da ideia de que a colaboração entre universidades tão díspares em termos de sistema-mundo deve promover igualdade, equidade e reciprocidade em suas relações, a escolha dos instrumentos como reflexão comum se pauta pela busca de construir interação e simetria na construção de conhecimento em relações desiguais. Da mesma forma, emula a relação estreita e não hierárquica entre universidades, movimentos e coletivos, apostando em maior autonomia e na redefinição das relações entre governantes e cidadãos, de modo a qualificar às respostas às reivindicações por direitos e demandas coletivas, reorientar políticas públicas e distribuição qualificada de recursos, abrir e ampliar perspectivas de radicalização da democracia e de regimes simbólicos insurgentes. Ao plano de bairro, vêm se somar instrumentos como a perícia popular, o cadastro social e simbólico, a parceria público-popular, entre outros, desenhando como horizonte a construção de uma plataforma sobre a cidade em comum, que congregue esse conjunto de experiências e de alternativas solidárias para a vida coletiva.

Just Space, Londres

Richard Lee

Just Space (justspace.org.uk) é uma rede que articula grupos locais e da região metropolitana de Londres que fazem campanhas relacionadas a questões de planejamento – moradia, economia local, transporte, meio ambiente, direitos das minorias e, especialmente, da classe trabalhadora e grupos de baixa renda. São ativistas e grupos que apoiam uns aos outros influenciando planos e políticas públicas formais em diversas escalas, desde a local e municipal até a metropolitana. A representação interativa das relações da Just Space com outras organizações e redes de Londres é muito grande para ser incluída aqui, mas pode ser vista em https://kumu.io/justmap-eu/grassroot-london.

Essa aliança informal entre grupos comunitários e campanhas de cidadãos aconteceu pela primeira vez em 2006. Foi estabelecida nesse momento para amplificar as vozes dos londrinos das bases populares durante a produção do maior instrumento de planejamento de Londres, o London Plan [Plano de Londres]. O London Plan foi anunciado pela primeira vez em 2004 sob autoridade de uma nova estrutura de governo em Londres (Prefeito e Autoridade da Grande Londres). A Just Space apareceu para desafiar, na escala da cidade, o domínio de um novo processo de planejamento conduzido por empreendedores e órgãos públicos, esses últimos fortemente influenciados por interesses dos empreendedores imobiliários.

A Just Space sente que o sistema de planejamento de Londres apenas diz cumprir seu comprometimento com a participação da comunidade. O sistema de planejamento tem impacto direto nas comunidades locais, mas o processo de planejamento é técnico, complicado e frequentemente intimida a maioria das pessoas, mesmo que as questões que evolvem esses processos sejam facilmente assimiladas. O objetivo da rede Just Space é, portanto, melhorar a participação pública em planejamento para garantir que as políticas públicas sejam mais justas para as comunidades.

A rede Just Space articula uma variedade de grupos, alguns que abrangem toda Londres como a Inclusion London [Inclusão Londres], London Gypsies and Travellers [Ciganos e Viajantes de Londres], London Tenants Federation [Federação de Inquilinos de Londres], London Forum Of Civic and Amenity Societies[1] [Fórum de associações de Londres], Friends of the Earth [Amigos da Terra], e outros grupos comunitários como o Latin Elephant e a Ward's Corner Community Coalition [Coalisão da Comunidade de Ward's Corner]. Esses grupos se apoiam e aprendem uns com os outros, colaborando e coordenando entre si para se representarem diante das autoridades de planejamento, além de compartilhar pesquisas e experiências através de oficinas e publicações. O mapa interativo que mostra a distribuição geográfica dos grupos de base que trabalham por uma Londres mais justa e são ligados a Just Space e redes parceiras pode ser visto em https://justmap.carto.com/builder/d629a9e3-d799-4f57-a2fc-78f46746df44/embed.

A rede também tem conexões com algumas das universidades de Londres (incluindo a University College London), cujos corpo acadêmico e de estudantes elaboram pesquisas que são apresentadas juntamente com as evidências recolhidas nas bases populares em audiências públicas do London Plan e em outros contextos dos quais a rede participa.

Os grupos comunitários frequentemente se sentem frustrados nas interações com pesquisadores. As comunidades compartilham seus valiosos conhecimentos e experiências e depois não ouvem mais do acadêmico. Então, membros da Just Space e da universidade desenvolveram um protocolo sobre colaboração de pesquisa para garantir que as pesquisas tenham como objetivo atender às necessidades básicas dos grupos, que cópias dos resultados encontrados sejam compartilhadas com as comunidades e que as pessoas que participam sejam compensadas por cederem seu tempo. Para a Just Space é importante que pesquisadores não falem em nome das comunidades, mas abram espaço para que as pessoas possam expressar sua própria voz, e que a linguagem e conceitos usados pelos acadêmicos não sejam impostos às comunidades. Por exemplo, a linguagem do "direito à cidade" não é utilizada nos contextos de base em Londres.

Como resultado do engajamento com o sistema de planejamento de Londres, os membros da Just Space compreenderam quão político são os documentos técnicos de planejamento, e quão importante eles são para muitas das questões-chave que os grupos focam, tais como desigualdades na saúde, metas para habitação social e proteção dos espaços verdes e da biodiversidade.

Em 2016, a Just Space promoveu a "Towards a Community – Led Plan for London" [Por um Plano para Londres Liderado pela Comunidade]. Três grandes conferências e vários encontros de grupos de trabalho produziram propostas de políticas públicas para o futuro planejamento de Londres baseadas em uma grande quantidade de experiências e repertórios das diversas organizações comunitárias de Londres. A necessidade de medir e avaliar os impactos de projetos de desenvolvimento nas comunidades existentes foi identificada como um requerimento fundamental para um planejamento socialmente justo. A proposta é que existam avaliações de impacto social que identifiquem os principais indicadores sociais com envolvimento das redes de comunidades locais, para então avaliar os projetos de desenvolvimento a partir desses indicadores e em diálogo com as comunidades de cada lugar. A Just Space está pensando sobre como desenvolver mais essa ferramenta.

A rede Just Space continua a entrar em contato com comunidades que não estiveram muito engajadas em planejamento. Por exemplo:

- Coordenando um evento para Equality Groups [Grupos de Igualdade][2] durante a consulta do projeto do London Plan [Plano de Londres]
- Mapeando centros comunitários que são propriedade de ou geridos por comunidades negras, asiáticas e de minorias étnicas a fim de torna-los visíveis, apoiados e menos ameaçados pelas pressões de desenvolvimento urbano
- Apoiando cooperativas de habitação e sítios para ciganos e viajantes
- Trabalhando com universidades para pesquisar o valor social dos mercados de rua tradicionais
- Organizando reuniões com a Greater London Authority [Autoridade da Grande Londres] para impedir a destruição dos espaços de trabalho industriais.

Em suma, a Just Space fundamenta-se em amplificar a voz e dar suporte às bases populares nos processos de planejamento de Londres nos níveis local e da cidade.

Notes

1 No Reino Unido, Amenity Societies são organizações de voluntários que monitoram preservação do patrimônio.
2 Equality Groups é um termo que se refere a pessoas ou comunidades que enfrentam discriminação ou exclusão social por categorias de idade, deficiência, orientação sexual, raça, etnia, gênero, etc.

O contexto das lutas urbanas em Salvador

Marcos Bau Carvalho

A partir do século XIX, com a abolição legal (mas não de fato) da escravatura racial no país e a consolidação da alta desigualdade social até os dias atuais, as principais cidades brasileiras cresceram de maneira vertiginosa, não democrática e excludente.

No início do século XX a cidade de Salvador era a capital financeira de toda a produção agrícola do Estado da Bahia, mas a partir de 1940 as antigas áreas de produção rural perdem o papel de atração de mão-de-obra, que crescentemente então se dirige para Salvador. Entre 1940 e 1950 a cidade vai passar de 290 mil para 417 mil habitants (IBGE, 1936: p. 46. 1950: p.35,) sem conseguir reunir condições econômicas mínimas para absorver a mão de obra excedente (Sampiao, 1999). Surgem então cada vez mais áreas na cidade de ocupação desordenada e de baixa renda, e o processo de organização do espaço urbano é marcado pela exclusão e segregação social.

Entre as décadas de 1950 e 1960 no Brasil com o programa político de reformas de base, os problemas urbanos entram no debate da justiça distributiva mas em 1964 acontece no Brasil o golpe militar, e todos esforços políticos por melhorias significativas nas condições de vida urbana são sufocados e substituídos pelo planejamento de viés tecnocrático da ditadura política, subordinado às exigências econômicas de grandes grupos empresariais.

Em Salvador, mesmo com algumas experiências de estudos e planos socialmente ambiciosos por parte do poder público local, apenas parte das propostas se materializam, notadamente aquelas que atendem aos interesses privados (Sampaio, 1999), com ênfase na abertura de novas vias e valorização do mercado imobiliário em extensas faixas de terras urbanas ainda desocupadas, em detrimento da ampliação da infraestrutura urbana e serviços básicos para a grande maioria da população. Desta forma, as intervenções urbanas também seguem se distanciando do que hoje entendemos como Direito à Cidade.

A exclusão da população em geral nas políticas públicas de intervenções urbanas no período da ditadura militar em Salvador pode ser observada na promulgação da Lei n° 2.181/68 chamada de Reforma Urbana na qual a quase totalidade das terras localizadas dentro do município e pertencentes à prefeitura, puderam ser postas à venda indiscriminadamente, favorecendo a aquisição de grandes extensões de terras pela iniciativa privada por preços irrisórios. Este fato gerou a transferência do poder de intervenção na cidade do poder público para a iniciativa privada (Lima, 2007) resultando que os interesses sociais como habitação, transporte, saúde e educação não são efetivamente perseguidos.

A criação do Centro Administrativo da Bahia (CAB) no início da década de 1970 é outro marco da política urbana em Salvador. O projeto foi realizado em apenas 18 meses e propiciou a transferência de boa parte dos escritórios e serviços do governo estadual, da área central histórica da cidade para um imenso vazio urbano, resultando em forte valorização de grandes áreas vazias, e multiplicando a pulverização de ocupações precárias aos seus arredores. Os bairros do Nordeste de Amaralina e Saramandaia (apresentados neste livro) são exemplos destas ocupações precárias que se consolidaram ou mesmo surgiram neste momento histórico. A criação do CAB também tem profundo impacto no processo de esvaziamento e deterioração do Centro Histórico da cidade, que é a área de localização dos bairros Gamboa de Baixo, Pelourinho e Comércio, também apresentados neste livro.

O estado brasileiro em suas várias esferas, foi se distanciando muito dos problemas das camadas mais populares e das demandas urbanas específicas. Com o início da abertura política e as carências sociais cada vez mais agudas entre os anos 1970 e 1980, diversos movimentos sociais articulam-se na perspectiva de influenciar o processo de redemocratização do país. Diversas feições da luta pelo Direito à Cidade vão sendo postas em cena e movimentos sociais politizam a agenda de demandas de acesso à moradia e aos serviços públicos nas cidades em expansão. Deste processo resulta que em 2001 entra em vigor no Brasil o Estatuto da Cidade, marco referencial para a regulamentação do capítulo da política urbana na Constituição Brasileira de 1988.

O Estatuto da Cidade (Governo do Brasil, 2001) e as resoluções decorrentes dele são a concretização, em forma de lei, do atendimento à demanda social pelo Direito à Cidade em confronto com a tradicional hegemonia especulativa do mercado imobiliário. Paradoxalmente o estabelecimento de tal arcabouço legal não garante de fato qualquer caráter distributivo na gestão das cidades. A tímida mudança da política federal sobre a gestão das cidades que acontece nos mandatos presidenciais do Partido dos Trabalhadores entre 2003 e 2016 também não alteraram significativamente a desigualdade social urbana no país.

O conjunto da realidade atual de Salvador é consequência desse histórico favorecimento a uma pequena elite econômica, e da falta de atendimento das demandas de grandes parcelas da população, persistindo assim uma gigantesca maioria de cidadãos excluídos pelas perspectivas conceituais do Direito à Cidade. Os movimentos sociais aqui documentados são expressões das lutas urbanas atuais nesta cidade, e da resiliência humana pela busca de dignidade e ampliação da democracia.

Referências

Governo do Brasil, 'Estatuto da Cidade: Lei n. 10.257, de 10 de julho de 2001'. Brasília, Câmara dos Deputados, Coordenação de Publicações, 2001. Disponível em: www.planalto.gov.br/ccivil_03/leis/leis_2001/l10257.htm. Acessado em: 7 de agosto de 2019.

Instituto Brasileiro de Geografia e Estatística (IBGE). *Anuário Estatístico do Brasil*. IBGE: Rio de Janeiro. (1936 e 1950)

Lima, G. O. 'Baixa do Marotinho, a luta pela moradia em Salvador'. In: *Anais do IV Simposio Nacional Estado e Poder: Intelectuais*. Universidade Estadual do Maranhão. (2007)

Sampaio, A. H. *Formas urbanas: cidade-real & cidade-ideal, contribuição ao estudo urbanístico de Salvador*. Salvador: Quarteto. (1999)

O contexto das políticas habitacionais e das lutas urbanas em Londres

Richard Lee

Desde a ascendência de políticas neoliberais nos anos 1970, pudemos observar processos de privatização, desregulamentação e financeirização operando no sistema habitacional britânico. O setor financeiro e as relações que dele derivam têm se tornado cada vez mais dominantes, com as autoridades locais e associações habitacionais considerando terras públicas e habitação social como ativos financeiros e não como espaços que atendem a necessidades sociais.

Durante esse período, o Reino Unido demonstrou a maior e mais longa fase de aumento na média de preços de casas entre todos os países da Organização para a Cooperação e Desenvolvimento Econômico (OCDE), e ainda teve o mais alto índice de investimento em desenvolvimento do mercado imobiliário da Europa. No entanto, essa média esconde enormes variações regionais. Analisando dados públicos disponíveis sobre habitação[1], Edwards (2016) demonstrou que a média de preços de casas em Londres e na Região Sudeste são de dez a dezesseis vezes maior que a média anual de renda por domicílio, enquanto nas cidades mais pobres da Inglaterra, Escócia e País de Gales a mesma média cai para quatro ou cinco vezes da renda anual.

O problema habitacional do Reino Unido reflete uma forma britânica singular em relação a propriedade privada sobre a terra. Governos dos dois principais partidos políticos têm dado forte apoio à disseminação da propriedade individual e feito pouco ou nada para sustentar ou expandir a disponibilidade de moradia para associações e distritos. O efeito combinado desses processos fez do sistema de habitação do Reino Unido uma engrenagem que funciona para aumentar a desigualdade, concentrando riqueza nas mãos de proprietários de terra, locatários e proprietários residentes em sua casa própria (e de incorporadores e instituições financeira integrantes do processo), às custas de inquilinos, potenciais compradores e pessoas sem moradia.

A partir de 1981, moradias de aluguel social (fora do mercado), construídas durante o século vinte pelos distritos e associações de moradia, constituíam um terço de todas as casas, tendo proporções ainda maiores em várias cidades. Mas a partir do início dos anos 1980 a produção de habitação social foi interrompida e as ações existentes foram reduzindo regularmente, principalmente através da política do Direito de Compra [Right to Buy], promovida fortemente por Margaret Thatcher para difundir a propriedade individual e que foi mantida pelos governos subsequentes de ambos os partidos, mas também pela privatização, transferência de estoque e demolição. Habitações de aluguel social agora consistem em 17 % das unidades habitacionais[2] (Ministério da Habitação, Comunidades e Governo Local, 2019).

O acesso à habitação social foi ainda mais prejudicado pela decisão de abandonar os conceitos de moradia acessível que relacionavam o preço do aluguel à renda, e pela criação de um novo termo de "aluguel acessível" que é definido como até 80% do valor do mercado local de alugueis. Isso não foi aplicado apenas a novas moradias. Recentemente, houve troca do arrendamento do estoque de alugueis sociais por locações muito mais caras "acessíveis" ou até mesmo por alugueis do mercado.

Existe uma porção significativa da população que "o mercado" nunca conseguirá abrigar - sua renda é muito baixa ou pouco estável. Mas a escalada dos preços das casas também tem afetado aqueles com renda média que anteriormente esperavam adquirir sua casa própria.

Essas pessoas, juntamente com aquelas excluídas da habitação social, não têm escolha senão alugar em um setor de aluguel privado em ascensão, cuja lucratividade atraiu muitos novos investidores, incluindo os que compram os imóveis para alugar. Muitos residentes do Reino Unido estão gastando metade ou mais da metade de sua renda em alugueis para moradia, sendo que o setor de alugueis privados oferece seguridade precária, por curto prazo, sem regulamentação e – em muitos casos – com más condições de salubridade e segurança.

A principal resposta de políticos e instituições de pesquisa tem sido ignorar as crescentes desigualdades e o papel e responsabilidade da financeirização na produção da crise habitacional. Em vez disso, têm focado intensamente na necessidade de construir mais e mais casas para venda no mercado enquanto a ideia de moradia "acessível" tem se esvaziado de significado. Os partidos políticos e seus manifestos competem por metas de produção habitacional, e não pela acessibilidade econômica das casas que estão sendo construídas.

Desenvolvimento imobiliário é apresentado como ações de 'regeneração' que trazem benefícios para as comunidades locais, mas em muitos casos são processos de gentrificação sob um nome diferente. Com a introdução de moradia de alto custo em uma área, o valor da terra sobe, colocando pressão sobre os usos existentes. Não é somente a moradia de baixo custo que se perde, mas também o espaço para pequenas empresas e espaços comunitários. Residentes e comerciantes existentes são colocados para fora do bairro por conta do aumento dos preços e forçados a se mudar para outras áreas.

Sucessivamente prefeitos anunciaram o status de Londres como 'cidade global'. Mas a riqueza gerada mascara a produção de pobreza e a ampliação de desigualdades. Londres tem os níveis mais baixos de qualidade e satisfação de vida e os níveis mais altos de desigualdade de renda do Reino Unido (Wilkinson and Pickett, 2009).

Grupos de minorias étnicas, da comunidade negra, LGBTQ+, de ciganos e viajantes, de jovens e da classe trabalhadora ficam em desvantagem com o modelo de desenvolvimento de Londres. Essa falha em prover benefícios econômicos, sociais e ambientais de forma justa provocou as lutas dos movimentos sociais documentados aqui.

Notes

1 Relatório Anual da Habitação Inglesa do Ministério da Habitação, Comunidades e Governo Local, e o Índice de Preços da Habitação do Reino Unido, Gabinete de Estatísticas Nacionais, relatórios trimestrais.

2 De acordo com a mesma pesquisa, 64% dos domicílios na Inglaterra são de proprietários residentes em sua casa própria, com um pico de 71% em 2003. O setor privado alugado é de 19%, dobrando de tamanho desde 2003. Em Londres, o setor de aluguel privado é de 30%, de proprietários residentes 47% e de aluguel social 23%.

Referências

Edwards, Michael. 'The Housing Crisis: Too Difficult or a Great Opportunity?', *Soundings: A Journal of Politics and Culture* 62 (2016): 23–42.

MHCLG (Ministry of Housing, Communities and Local Government). *English Housing Survey Headline Report, 2017–18*. London: Ministry of Housing, Communities and Local Government, 2019.

Wilkinson, Richard and Kate Pickett. *The Spirit Level: Why More Equal Societies Almost Always Do Better*. London: Allen Lane, 2009.

Centralizando as margens: produção de conhecimento e metodologia como práxis

Kamna Patel

A partir de que lugar nós consideramos o mundo e de que lugar compreendemos o que vemos? Essas questões exigem que questionemos o papel que desempenha a geografia, nossa posição socioeconômica na sociedade e nossa raça e gênero dentro da produção de conhecimento. A ideia de 'centralizar as margens' desperta a questão da geopolítica do conhecimento nos debates decoloniais, nos quais as academias do oriente e do ocidente são vistas por estabelecer um núcleo imperial, determinando os limites e valores do conhecimento e se autodenominando produtoras de conhecimento, em oposição aos países não ocidentais periféricos e às pessoas que são o assunto do conhecimento produzido (Mignolo, 2002). Reorientar nossas expectativas e imaginação sobre os lugares geográficos de produção de conhecimento é parte de uma correção fundamental do poder do colonialismo, do imperialismo e seu legado em determinar o que é conhecimento válido de se conhecer e quem é considerado detentor do saber.

Paralelamente a essa (re)orientação geográfica, 'centralizar as margens' significa ver e compreender as diferenças epistemológicas que existem e afetam o tipo de conhecimento que é produzido. As geógrafas feministas argumentam a muito tempo que todo o conhecimento é situado e que é necessário refletir constantemente para perceber o poder e a posição do pesquisador em relação ao pesquisado, um relacionamento que determina o que é conhecido, analisado e subsequentemente comunicado (Rose, 1997). Particularmente em pesquisas sobre *desenvolvimento*, onde diferenças de poder entre pesquisador e pesquisado é evidente, tal ato reflexivo revela como os relatos das pessoas e dos lugares são sempre parciais (Sultana, 2007; Giwa, 2015).

Questões sobre posição e reflexividade na produção de conhecimento, no entanto, não são apenas assuntos metodológicos ou éticos de indagação, mas se referem a políticas de representação. Quando representação é entendida como "falar em nome de", a crítica pós-colonial interroga quem fala por quem, a partir de que base (ex. O que é de fato ouvido?), em que contexto estrutural e histórico e para que efeito (Spivak, 1988). Essas questões não podem ser feitas ou respondidas sem considerar raça e gênero (ou imperialismo e patriarcado) como regimes de poder que governam as políticas de representação (Jazeel, 2019). Além disso, estudiosos pós-coloniais nos lembrariam que até mesmo relatos parciais e situados de pessoas e lugares podem se tornar decisivos de tais políticas de representação quando vozes das margens são ouvidas somente por meio de interlocutores no centro.

Estudos decoloniais e pós-coloniais esclarecem como e por que o centro produz narrativas selecionadas do lugar, e estão atentos ao perigo de essas se tornarem *a* narrativa (Bhanbra, 2014). Assim, por exemplo, falar que 'Londres é uma cidade global, rica e multicultural' torna-se uma narrativa que oculta desigualdades estruturais profundas que se manifestam em torno de relações de raça, etnia e deficiências, ofuscando o papel do império e sua lógica de hierarquias sociais e raciais que produz e mantém a desigualdade.

Trabalhar para centralizar as margens na produção de conhecimento é essencialmente um projeto de transformação política e de justiça conduzido por corpos tipicamente representados (e também 'falados por alguém') em pesquisas como 'o sujeito-desenvolvimento' ou como 'o outro'. Em seu livro, *Teoria Feminista: Da margem ao Centro*, bell hooks (2000 [1984], p. xvi) escreve, "Estar na margem é ser parte do todo, mas estar fora do corpo principal". Neste apelo seminal para teorizar as experiências vividas por trabalhadoras negras, hooks mostra como a teoria feminista dominante – considerada radical e progressista por mulheres brancas privilegiadas e seus aliados – era incompleta e, portanto, trabalhava contra os interesses daquelas à margem. hooks não faz um apelo para que essas feministas reorientem suas pesquisas e refaçam suas teorias com um novo método participativo de investigação. No lugar, elas estão encarregadas de ouvir, com mais cuidado do que tiveram antes, e questionar sobre o modo como ouviram no passado. Pois as vozes das margens sempre falaram, conceituaram suas experiências vividas e deixaram as lentes pelas quais o espaço, a política e o poder podem ser lidos.

Isso não quer dizer que exista consciência crítica nas vozes só por conta de viver e estar às margens. Ao contrário, hooks (2000 [1984]), seus contemporâneos e aqueles que vieram depois (Crenshaw, 1991; Collins, 2000 [1990]), reconhecem e orientam sobre o árduo trabalho intelectual que precisa acontecer entre pessoas que estão em condição marginalizada para perceberem e explicar as vidas que vivem e os espaços que ocupam. É nesse trabalho que a metodologia de pesquisa é a prática e que corpos marginalizados praticam métodos para se auto representar e produzir representações visuais e textuais alternativas.

Uma metodologia notável da Teoria Crítica da Raça (TCR) (um campo que reivindica o trabalho de hooks, Crenshaw e Collins) para produzir representações textuais de pessoas que estão nas margens é o método narrativo e o contranarrativo. Richard Delgado, teórico fundador da TCR, defende a pesquisa narrativa de modo mais convincente. Sobre estudiosos que utilizam pesquisa narrativa, ele diz

> Vagamente descritos como grupos externos [outgroups], cuja marginalidade define as fronteiras do dominante, cuja voz e perspectiva – cuja consciência – tem sido suprimida, desvalorizada e não normatizada. A atração de histórias [narrativas] desses grupos não deveriam ser uma surpresa. Pois histórias criam seus próprios laços, representam coesão, compreensões e significados compartilhados. A coesão que essas histórias trazem é parte da força desses indivíduos. Esses criam suas próprias histórias, que circulam dentro do grupo como um tipo de contrarrealidade.
>
> Os grupos dominantes também criam suas próprias histórias. As histórias ou narrativas contadas por um grupo interno [ingroups] nos lembram da sua identidade em relação aos grupos externos [outgroups], e proporcionam uma forma de realidade compartilhada na qual sua própria posição de superioridade é vista como natural."(Delgado, 1989, p.2412)

Enquanto narrativas servem para construir vínculos e dar legitimidade para experiências vividas, o propósito de narrativas de "grupos externos" de Delgado ou de pessoas à margem da sociedade de hooks não é produzir narrativas isoladas do contexto político mais amplo que marginaliza a narrativa e contadores de histórias em primeiro lugar. Nesse método, vozes da margem não são um só conjunto de várias vozes que existem, mas a voz que é sistematicamente e cotidianamente silenciada em favor de outra narrativa produzida pelos grupos dominantes. Como Delgado nos lembra,

> Histórias e contra-histórias podem servir a [...] uma importante função destrutiva. Elas podem mostrar que o que acreditamos é ridículo, egoísta e cruel. Elas podem nos mostrar a saída da armadilha da exclusão injustificada. Elas podem nos ajudar a compreender quando é a hora para relocar o poder. Elas são a outra metade — a metade destrutiva - da dialética criativa. (1989, p. 2415)

Ler as histórias ou narrativas de pessoas a partir de suas próprias vozes e em sua própria língua serve como uma contranarrativa que permite nós, leitores, enxergarmos modos de exclusão injustificáveis.

Um segundo método notável para produzir alternativas de representação visual é a fotografia. Fotografia como método é parte de uma variedade de métodos visuais em pesquisa social que inclui diagramas, filmes, mapas e desenhos. Métodos visuais e metodologias que servem para reunir e validar dados podem ser particularmente valiosos em pesquisas qualitativas em que se pretende apreender subjetividades (Rose, 2016). Esse raciocínio é presente em pesquisas focadas em desenvolvimento, especialmente nos subcampos de teorias de gênero e de desenvolvimento com protagonismo comunitário. Nesses contextos, onde pode haver analfabetismo, a fotografia é particularmente um meio acessível que pode alcançar pessoas marginalizadas e captar seus modos de ver e perceber diferenças sutis na vida das pessoas (McEwan, 2006). O conteúdo da fotografia em pesquisas sobre desenvolvimento também carrega testemunhos de desigualdades materiais e de lutas. Portanto, o trabalho de uma fotografia é tanto um convite alegórico, quanto literal para ver o mundo a partir de outra perspectiva. Enquanto a fotografia tem valor por si só, estudos da TCR nos lembram que trazer tais imagens para um diálogo produtivo com representações visuais dominantes pode nos revelar porque elas são dominantes.

Ler contranarrativas e ver fotografias alternativas requer reflexividade da parte do leitor. Assim, podemos fazer uma reflexão significativa sobre o lugar a partir do qual *olhamos* para o mundo e entendemos o que *vemos*. É somente por meio dessas ações que somos capazes de reconhecer nosso papel de quem assimila conhecimento, nossa cumplicidade na coprodução e nosso poder em reorientar margens e centros.

Referências

Bhambra, Gurminder K. 'Postcolonial and Decolonial Dialogues', *Postcolonial Studies* 17, no. 2 (2014): 115–21.

Collins, Patricia Hill. *Black Feminist Thought: Knowledge, Consciousness, and the Politics of Empowerment*. 2nd ed. New York: Routledge, 2000.

Crenshaw, Kimberle. 'Mapping the Margins: Intersectionality, Identity Politics, and Violence against Women of Color', *Stanford Law Review* 43, no. 6 (1991): 1241–99.

Delgado, Richard. 'Storytelling for Oppositionists and Others: A Plea for Narrative', *Michigan Law Review* 87, no. 8 (1989): 2411–41.

Giwa, Aisha. 'Insider/Outsider Issues for Development Researchers from the Global South', *Geography Compass* 9, no. 6 (2015): 316–26.

hooks, bell. *Feminist Theory: From Margin to Center*. 2nd ed. Cambridge, MA: South End Press, 2000.

Jazeel, Tariq. *Postcolonialism*. London: Routledge, 2019.

McEwan, Cheryl. 'Using Images, Films and Photography'. In *Doing Development Research*, edited by Vandana Desai and Robert B. Potter, 231–40. London: SAGE Publications, 2006.

Mignolo, Walter D. 'The Geopolitics of Knowledge and the Colonial Difference', *South Atlantic Quarterly* 101, no. 1 (2002): 57–96.

Rose, Gillian. 'Situating Knowledges: Positionality, Reflexivities and Other Tactics', *Progress in Human Geography* 21, no. 3 (1997): 305–20.

Rose, Gillian. *Visual Methodologies: An Introduction to Researching with Visual Materials*. 4th ed. London: SAGE Publications, 2016.

Spivak, Gayatri Chakravorty. 'Can the Subaltern Speak?'. In *Marxism and the Interpretation of Culture*, edited by Cary Nelson and Lawrence Grossberg, 271–313. Basingstoke: Macmillan Education, 1988.

Sultana, Farhana. 'Reflexivity, Positionality and Participatory Ethics: Negotiating Fieldwork Dilemmas in International Research', *ACME: An International Journal for Critical Geographies* 6, no. 3 (2007): 374–85.

Acervo da Laje

José Eduardo Ferreira Santos.
Professor, pesquisador e curador do Acervo da Laje

José Eduardo Ferreira Santos

Subúrbio Ferroviário é uma área na periferia de Salvador, no noroeste da cidade. A região foi originalmente constituída de comunidades de pescadores e de equipamentos e construções atreladas ao desenvolvimento industrial. Nos últimos trinta anos tornou-se uma região densa de habitação de baixa renda, que funciona como alternativa ao cada vez mais caro centro da cidade. O Subúrbio Ferroviário é conectado ao centro de Salvador por uma linha de trem que atualmente é objeto de um projeto de desenvolvimento urbano que integra o Plano Diretor da cidade. Esse projeto tende a tornar o preço da passagem de trem mais caro e inacessível para muitos residentes, e aumentar o valor da terra, levando a um processo de gentrificação no Subúrbio Ferroviário e em outros assentamentos periféricos vizinhos. A região é associada a uma alta taxa de criminalidade e informalidade e por conta disso tem sido representada de forma muito negativa pela mídia e por parte do governo.

O Acervo da Laje, localizado no bairro de Plataforma, no Subúrbio Ferroviário, é uma organização artística e cultural que visa promover a beleza, o valor e patrimônio da periferia da cidade, além de desafiar os estereótipos de violência e pobreza aos quais a área tem sido associada. O Acervo da Laje opera em duas casas no mesmo bairro, e seu nome se refere às lajes de telhado usadas como espaço para as exibições e atividades culturais. O Acervo da Laje também compreende uma coleção de pinturas, imagens, esculturas, cerâmicas, brinquedos, objetos raros e livros. José Eduardo Ferreira Santos e sua esposa, Vilma Soares, são os moradores do bairro de Plataforma que criaram o Acervo da Laje em 2011.

Direito à cidade: O lixo não é coletado, o barco está quebrado – esses são nossos direitos.

Direito à cidade

O direito à cidade é a sensação de pertença ao território. Essa sensação de pertença, nos bairros periféricos, a gente não tem. Na periferia, são várias fronteiras invisíveis que a gente tem para chegar, para acessar a cidade. Quando eu fui trabalhar com dezesseis anos no centro da cidade, eu comecei a viver a cidade como um todo: centro e periferia. Mas é muito difícil porque são fronteiras invisíveis que fazem com que a gente não acesse o que a cidade tem para oferecer para nós. Por exemplo, para entrar num museu a gente tem vergonha, para entrar num teatro a gente tem vergonha, nos prédios públicos para você entrar num casarão antigo você tem que fazer um ofício, quer dizer... Que cidade é essa?

A cidade é minha! Mas um estrangeiro chega aqui e tem acesso a tudo! Quer dizer, a cidade é mais de quem é de fora, do que de quem é daqui de dentro. Isso no plano cultural, arquitetônico, urbanístico, paisagístico, de serviços... do que você imaginar. E aí você entende que é essa cidade que é mostrada quando você chega no aeroporto, que é uma cidade para turista, você vê o circuito cultural da cidade, ele é sempre no centro. O subúrbio tem quase um milhão de pessoas morando, e essas pessoas têm que se deslocar para os eventos que são apenas no centro, então, quando a gente começou a idéia do Acervo, foi muito essa provocação: Por que no subúrbio não tem um espaço de arte? De artes visuais, artes plásticas? Geralmente porque a cidade, mesmo com uma periferia do tamanho que tem, e é historicamente afastada para não pertencer à cidade, mas isso ocorre também com pessoas que moram no centro e que muitas vezes não tem acesso à cidade porque é considerada como periferia dentro do centro. E a gente sempre sofreu com essa limitação e com essa não sensação de pertença a cidade como um todo, Salvador é muito desigual nesse sentido. Estamos fora das categorias de cidade, e é como se essa territorialidade que afasta na verdade é uma estrutura muito colonial ainda. Essa é uma persistência colonial da idéia de cidade, para o centro tudo para periferia nada. Os espaços de poder são preservados, eles são cuidados. Os espaços de ocupação, de resistência, eles são destruídos. Então historicamente a gente nasceu lutando pela cidade, pelo direito à cidade, porque a cidade não reconhece que nós somos cidade.

Cidadania

É muito difícil falar de cidadania quando você se sente constantemente discriminado por ser suburbano, por ser negro, por não ter o estereótipo branco que é aceito dentro da cidade. Aqui é uma cidade que se você for branco você é bem tratado, se você é negro já partem para cima achando que você é marginal. Se você tem o cabelo duro, você já é julgado como

Cidadania: "É muito difícil falar de cidadania quando você se sente constantemente discriminado por ser suburbano, por ser negro, por não ter o estereótipo branco que é aceito dentro da cidade."

marginal. Se você é um menino negro sem camisa, tem que andar com a identidade na cintura. A polícia mata e depois pergunta quem você é. Quem usa farda se sente superior a quem não usa farda. Ser mulher, ser gay, ser periférico te coloca em risco o tempo todo. Porque a noção de cidadania foi corroída por essas idéias eugenistas de embranquecimento da raça. Ainda é muito comum, as idéias eugenistas ainda estão presentes no Brasil. Por exemplo, um cara olha para mim e ele já predetermina o que eu sou. Ele acha que um suburbano não pode ter um conhecimento. Não pode estar na universidade. Não pode ser professor, não pode ser doutor, não pode ser músico, não... Suburbano é menos do que quem mora no centro da cidade. E pior ainda, a noção de cidadania ela é meritocrática, então a gente não tem uma cidadania plena. A gente não é bem representado politicamente. Os políticos só vêm aqui na época da eleição e ainda têm práticas assistencialistas, patrimonialistas, que colocam o povo sempre na relação não do direito, mas na percepção da assistência. Então o acesso à cultura é limitado. E o grande mal da corrupção, que é o cerne da decadência do sistema político brasileiro, no sentido de que nossas necessidades básicas já poderiam ter sido atendidas e a gente já estaria em outro patamar, que é o da excelência. Então, o Acervo está trabalhando muito nessa coisa, pois tem um nível da cidadania que é o atendimento do básico: saúde, alimentação, trabalho, etc... uma vez conquistado esse patamar, você já quer outro nível, que é o nível do simbólico, da arte, da cultura, da estética, da autoria, da construção de sua casa, da construção dos seus sonhos. E quando a cidade vem aqui ela se assusta porque ela não acredita que nós podemos existir, ela não acredita que aqui tem as obras de grandes artistas da cidade, ela não acredita que nós temos a história da cidade aqui. E isso assusta porque na lógica normal nós não poderíamos existir com esse nível de elaboração.

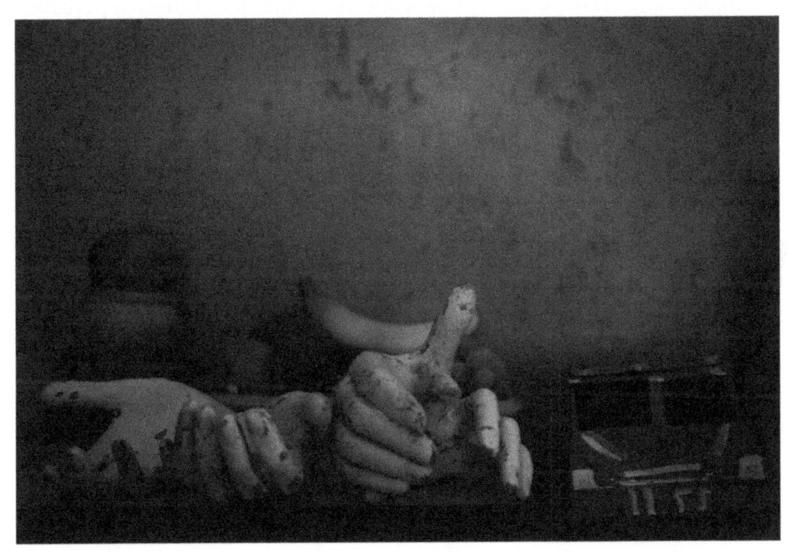

O direito à memória: A memória tem impacto nos sentidos, no sentimento de pertença e no senso de dignidade. Dá o poder da pessoa ser plenamente ela mesma. (Objetos da coleção Acervo da Laje)

O direito à memória

O direito a pertencer à história da Bahia, do Brasil e do mundo. Sair do sub-humano, entrar no nível humano. Ter o direito ao nome, à existência, a que cada história de vida tenha seu registro. Por exemplo, todos os muitos fatos históricos brasileiros que aconteceram aqui, não possuem nenhuma placa aqui identificando. Entrar na história, mas a história vista por nós. Dizer que, do nosso modo, nós também podemos escrever a história. A gente ainda precisa dessa contrapartida. Estamos cansados de todo dia ter que dizer que a gente existe e todo mundo negar que a gente existe. Eu tenho mais de mil alunos que foram assassinados, desde 1987, e eles não tiveram direito ao nome, não tiveram direito à história, a pertencer à história. Nós somos discriminados todo dia e a gente muitas vezes não pode nem nominar isso: o direito à memória, o direito a pertencer. E a cidade tem que aprender a respeitar a gente. E um dos caminho para isso é a memória, a memória estética, a memória artística, a memória urbana, a memória das histórias, da ancestralidade. Então, aqui no Acervo já tem uma potência, porque lida com isso, lida com essa memória. Quer dizer, quanto mais se trabalha com isso, mais se fortalece politicamente e no plano do conhecimento. Porque, por exemplo, cada criança, cada pessoa que vem aqui que começa a perceber esse outro nível, é uma pequena revolução, cada visitante, cada pessoa. Muitas vezes esses meninos que são assassinados aqui não tiveram uma experiência com estética, uma experiência com arte, uma experiência com cultura, uma experiência com essas coisas que estão só no centro, nunca viram uma obra original na vida. Nunca viram um quadro, nunca viram um artefato histórico. E os museus são elitistas. E aí eles não têm nenhum campo simbólico de proteção. Só que para você combater o estigma, a invisibilidade, que são simbólicas, são criadas, internalizadas, você tem que falar e mostrar. Então, o Acervo é isso, é essa potência que nasce da memória, que revoluciona essa capacidade de se perceber no mundo. Porque aí é um ponto de não retorno, se eu me reconheço no mundo com essa dignidade e com essa pertença, eu não volto, não me conformo mais com pouco. Passa pelo crivo da experiência sensorial: eu vi, eu fiz. E você faz a experiência da aura, da coisa única, da experiência única, da vida, do encontro com a obra, do encontro com a memória.

Associação Amigos de Gegê dos Moradores da Gamboa de Baixo

Ana Cristina da Silva Caminha, Presidente da Associação Amigos de Gegê dos Moradores da Gamboa de Baixo

Ana Cristina Caminha em frente a uma casa no Forte de São Paulo, na Gamboa de Baixo.

Gamboa de Baixo é uma comunidade tradicional de pescadores que se estabeleceu na costa de Salvador no entorno do Forte de São Paulo da Gamboa, monumento histórico datado do período colonial. Gamboa de Baixo está localizada no centro antigo de Salvador, próxima ao Largo do

Campo Grande, onde estão localizadas algumas das terras mais caras e edifícios residenciais mais altos da cidade. No entanto, Gamboa de Baixo é fisicamente segregada desta parte da cidade por uma avenida, a Avenida Contorno (Lafayette Coutinho), que foi construída em 1952 e restringiu a acessibilidade do bairro, que agora só é acessível por terra através de uma escadaria que passa por baixo da avenida. Além de ser fisicamente separada do centro por essa via, a comunidade é desprovida de serviços e infraestrutura pública como abastecimento de água, espaços recreativos e coleta de lixo. A comunidade tem sido frequentemente ameaçada de ser expulsa, sobretudo as casas que estão situadas no forte de São Paulo, que tem sido sujeito a propostas de conservação de patrimônio. No entanto, em 2016, a comunidade foi classificada como ZEIS V (Zona Especial de Interesse Social) e agora busca a regularização fundiária e a garantia da provisão de infraestrutura e serviços básicos.

A comunidade de Gamboa de Baixo, separada do centro da cidade pela Avenida Lafayete Coutinho.

Ana Caminha é presidente da Associação Amigos de Gegê dos Moradores da Gamboa de Baixo, principal associação comunitária no bairro, criada em 1992 e desde então liderada na maior parte do tempo por mulheres negras da Gamboa. Elas estão lutando para assegurar a posse das casas, pela provisão de serviços e infraestrutura urbana e pelo reconhecimento de sua identidade como comunidade de pescadores. Em 2017 a comunidade conduziu um cadastro multirreferencial para servir como base para o mapeamento e memorial (documento com perfil socioeconômico da comunidade e suas atividades tradicionais) que são exigidos pelo município para dar inicio ao processo formal de regularização fundiária.

Direito à cidade

Direito à cidade para mim é ter o direito de poder morar na Gamboa. É ter o direito de poder ir e vir partindo da Gamboa para fora dela, ser respeitada e ter aqui na Gamboa os serviços básicos de consumo, os direitos que uma comunidade, que um cidadão deve ter. Dos bens básicos que a Gamboa não tem hoje, eu falo do direito à coleta de lixo que a Gamboa não tem; eu falo do direito à escadarias dignas com acesso para cadeirante; eu falo do direito de ter na entrada da Gamboa uma placa identificando: "Comunidade Gamboa de Baixo", reconhecendo essa comunidade como tal publicamente; eu falo do direito de ter a vida de pescador respeitada, de ter aqui atracadouro para os barcos da comunidade, reconhecendo que uma comunidade pesqueira precisa ter atracadouros, de acordo com o modo de vida dessa comunidade, e a Gamboa, ela não tem isso; eu falo do direito de ter rede de saneamento básico, de rede de esgoto digna que suporte a demanda da comunidade; eu falo do direito a educação, a formação. A comunidade da Gamboa precisa ter escolas abertas para o público da Gamboa, que até isso, hoje está sendo negado por essa difamação de comunidade de marginal e de traficante. Tem escolas que renegam, que não querem aceitar os moradores da Gamboa. Então, eu falo desse tipo direito, de você ser tratada na Gamboa como você é tratada na Graça, no Corredor da Vitória, na Barra. Eu falo do direito à saúde pública digna. Nós temos uma unidade de saúde que ela surge devido à luta da Gamboa, mas que ela não foi instalada dentro da comunidade pelo fato de não termos titulação das terras da Gamboa. Então, essa unidade hoje ela está nos Aflitos, mas a Gamboa, que foi a comunidade lutadora que conquistou, não tem um agente de saúde da Gamboa, que possa defender as demandas da Gamboa. Os médicos não descem mais a Gamboa para visitar as famílias na comunidade. Então, eu falo desse tipo de direito, que é isso que eu acredito como direito à cidade. É poder participar da vida como um todo, é poder manter, continuar com a história, com a vida de pescador, sem precisar mudar o modo de vida. É poder sentar nas pedras da Gamboa, passar a noite conversando, olhando a lua, sem ser agredida por policiais, sem ser violentada por uma polícia que foi programada para descer na nossa comunidade e dizer: "para dentro ou toma porrada", porque se está na rua você é marginal. É esse tipo de direito à cidade que eu acredito. Mas, está bem claro e bem provado que ter direito à cidade é luta constante, é briga mesmo. É o tempo todo estar atento.

Direito à cidade: "Sentar na pedra da Gamboa, passar a noite conversando, olhando para a lua, sem ser ameaçada pela polícia."

Resistência

Morar na Gamboa para mim é resistência. Os barcos de madeira ainda tradicional a remo para mim é resistência. Conseguir com que jovens da Gamboa ingressem à universidade para mim é resistência. Manter uma associação de uma comunidade que o tempo todo é atacada, é marginalizada, viva e trazendo esse povo da comunidade para esse processo de organização; isso para mim é resistência. É dizer: "a Gamboa está lutando, a Gamboa está em movimento, a pesca continua, essa história ela tem que continuar". Então, continuar como o principal modo de vida sendo a pesca, isso para mim é o maior ponto de resistência na Gamboa. Os pescadores não mudaram o seu modo de vida, porque assim querem que seja. O que nós sabemos fazer de melhor é pescar, e pescar para mim é resistência. Sentar na beira da praia, cair de cabeça do Forte São Paulo da Gamboa, que é uma área de lazer nossa, se jogar no mar, isso para mim é resistência, é dizer que as nossas brincadeiras continuam sendo as mesmas. A gente não modernizou, a gente não se adaptou em nome de uma especulação, em nome de um modo de vida que não é o nosso. Isso para mim é resistência. Se fazer presente em outras lutas com outras comunidades, ir para a universidade buscar apoio para construção de contra-propostas às propostas do governo, isso para mim é resistência. Construir a articulação de movimentos que estão defendendo o povo negro, que está defendendo a permanência das comunidades e suas histórias, isso é resistência.

Resistência: "Não modernizamos, não adaptamos em nome da especulação, em nome de um modo de vida que não é nosso." Rosa, a moradora mais velha de Gamboa, viveu muitas mudanças na comunidade.

Identidade entre o lugar e o modo de vida: “Eu acho que a diferença é que Gamboa é uma mulher, uma garota, a Gamboa é feminina.” A irmã de Ana Caminha é uma das pescadoras de Gamboa.

Identidade entre o Lugar e o Modo de Vida

O diferencial da Gamboa, eu acho que é que os moradores da Gamboa têm um amor por esse local, uma relação com a praia, uma relação com as coisas que são consideradas simples, as pedras soltas, o banho de mar, tomar sol em cima das pedras. Eu acredito que estamos lutando por um direito à cidade, mas o direito que a gente quer é o direito de poder continuar com a simplicidade, com a nossa cultura mantida, mesmo entendendo que a gente precisa se adequar e se adaptar a alguns modos de vidas diferentes. A Gamboa não muda a sua forma de ser, os moradores, os pescadores da Gamboa podem ir além da comunidade, mas eles não deixam de ser nativos, eles não deixam de ser simples. Eles acham que eles não sabem nada, mas na verdade eles sabem tudo, eles conseguem transformar tudo. Eu acho que o nosso diferencial é que a gente tem como contribuir com a sociedade, com nosso modo de vida, com a alimentação, porque nós produzimos parte da alimentação de Salvador, pescando peixe da Gamboa que é vendido, que é distribuído na cidade. E acho que a simplicidade, as formas de luta da Gamboa são formas simples. Então, o importante da Gamboa é que a Gamboa seja vista e aceita como ela é: comunidade pesqueira, comunidade negra, uma comunidade de mulheres negras que leva as lutas sociais, que leva a organização de sua casa e que mantém a sua família independente de qualquer dificuldade encontrada. Eu acho que a diferença é que Gamboa é mulher, menina, a Gamboa é feminina. Quem começa essa luta são onze mulheres, e só conseguem trazer um homem, que fundam a associação, que vêm travando uma grande luta na cidade. E essas mulheres que ensinaram aos homens machistas a respeitarem. Os homens brigam, mas eles têm orgulho de ter as mulheres que têm, porque as mulheres que estão colocando o nome da Gamboa para fora da Gamboa. São as mulheres que estão fazendo eles pescadores serem reconhecido como os pescadores. Somos mulheres lutando, somos mulheres organizadas. Nós somos uma comunidade pesqueira do centro de Salvador e que fazemos questão de continuar com a pesca como principal atividade da comunidade, como patrimônio da comunidade, a nossa pesca. E o mais lindo para mim nisso tudo é que mesmo surgindo barcos de fibra, a Gamboa mantém o barco a remo, mantém a catraia, sabe? Os homens remando, as meninas mergulhando para manterem suas famílias. Eu acho que é esse o diferencial, a identidade da pesca, comunidade pesqueira, comunidade secular, comunidade negra.

Associação de Moradores e Amigos do Centro Histórico (AMACH)

Jecilda Maria da Cruz Melo (Pró Cida)
é professora e presidente da AMACH

Jecilda Maria da Cruz Melo (Pró Cida) na Cozinha Comunitária AMACH.

Datado do século 16, o bairro do Pelourinho está inserido no centro histórico da cidade de Salvador, e é um patrimônio altamente significativo, já que Salvador é a primeira capital do Brasil. Em 1985 o Pelourinho foi declarado Patrimônio Mundial pela UNESCO, em parte como resposta ao estado físico cada vez mais deteriorado da arquitetura da área durante a segunda metade do século XX. Mas também, como resultado do movimento das principais atividades administrativas e comerciais para outras partes da cidade, levando à saída dos moradores mais ricos e à falta de investimento no bairro. Com o interesse crescente em redesenhar a área de turismo, o governo estadual, através da Companhia de Desenvolvimento Urbano do Estado da Bahia (CONDER), trabalhou para atrair investimentos para a área, em parte deslocando os moradores de baixa renda com a justificativa de sua incapacidade em manter o edifício histórico no qual habitavam.

Neste contexto, a AMACH foi fundada em 2002 por um grupo de mulheres negras, afetadas pela 7ª etapa da remodelação do Pelourinho, que se mobilizaram pelo direito em permanecer na área e não serem deslocadas para outras áreas da cidade (como todos os moradores afetados nas seis etapas anteriores da remodelação), bem como por uma habitação adequada e uma vida digna no bairro. A organização agora representa 108 famílias que vivem na área. Em 2005, a negociação da AMACH com a CONDER resultou Termo de Ajustamento de Conduta (TAC), um documento que estabelece as responsabilidades do governo em atender às necessidades dos moradores, como melhorar a condição das casas, serviços sociais e comerciais, e também a infraestrutura. No entanto, houve falhas contínuas para implementar os compromissos que são delineados no TAC, e a AMACH atualmente está trabalhando para responsabilizar o governo sobre esses compromissos, usando desde 2016, instrumentos como a Auditoria Popular. A AMACH também trabalha no apoio direto aos moradores de baixa renda do Pelourinho através, por exemplo, da criação e gestão de uma cozinha comunitária que oferece refeições de baixo custo para todos.

Direito à cidade

No trabalho que temos com a associação, o direito de morar possui várias vertentes aonde implica: dignidade, conhecimento e reconhecimento de si como cidadão dentro dessa cidade. Somos uma organização civil, que nasceu com o objetivo de brigar para continuar morando no mesmo lugar onde a gente já habitava a mais de quarenta anos. O objetivo era retirar os moradores e transformar os imóveis para uso dos turistas ou em pontos comercias. Então, dentro da sétima etapa do projeto foi onde nós nascemos com o objetivo de brigar para não sair do centro histórico, e hoje depois de lutas de quase vinte anos conquistamos um documento

Direito à cidade: "O patrimônio, para todos são só os imóveis, para nós são os imóveis e principalmente os moradores." Um prédio vazio no Pelourinho.

chamado TAC - Termo de Ajustamento de Conduta. Aí o Direito a Cidade, o direito à moradia, a dignidade do cidadão foi reconhecida como seu valor, dentro do espaço onde ele mora. Esse documento foi assinado garantindo de fato a permanência de 103 de famílias de baixa renda no programa de habitação de interesse social e também equipamentos comunitários, em área de patrimônio tombado. O patrimônio, para todos são só os imóveis, para nós são os imóveis e principalmente os moradores. Esse é o maior patrimônio, quando você vê uma criança ou um adulto fazendo um curso de informática, trabalhando, tendo a sua autoestima lá em cima, por ter direito à moradia. O que mais a gente quer é um teto para chamar de meu, e eu como AMACH, um teto para chamar de nosso. Pertencer a cidade é você saber exatamente dos seus direitos como cidadão, saber que se você não lutar, se você não tiver organizado, o governo não te enxerga. E nós da AMACH, fazemos questão de ser enxergados. Através da AMACH, pessoas começaram a saber que direitos elas tinham, como movimento social de luta de querer o melhor para a comunidade. Resido aqui há quase 40 anos e vi muitas coisas acontecerem, mas eu acredito no ser humano, e por acreditar no ser humano continuo nessa luta, no Pelourinho, no centro histórico. Na sétima etapa eu já moro a 29 anos, numa casa que não era minha porque eu não tinha imóvel. Hoje eu tenho um apartamento, como mais 107 famílias pela luta da AMACH. Aí agora eu faço uma pergunta a vocês, pertencemos ou não à cidade?

Engajamento Comunitário: "A conscientização das pessoas no que eles querem para si como vida pessoal, como vida profissional, como cultura, buscar conhecimentos, porque sem conhecimentos, você não chega a lugar nenhum." Encontro com estudantes no escritório da AMACH.

Engajamento Comunitário

Problemas a gente tem, mas quando chega na hora da luta esquecemos que eu sou mulher, tenho quatro filhos e sou chefe de família. Vamos pensar que amanhã os meus filhos poderão ter o melhor do que eu tive ontem, ou do que eu tive hoje. Porque a gente precisa de parceiro que acredite no que a gente precisa e no que a gente quer, mas para isso você tem que ter ações que as convençam. Você precisar ser sincera, exatamente no que você quer, você não pode usar de subterfúgios para conquistar alguém ou algo, mas sim você mostrar, dentro das suas ações, o que você precisa para que outras pessoas sejam beneficiadas. Como hoje quando a gente vê o pessoal da universidade, os estudantes fazendo esse trabalho que traz muito orgulho para nós, por conta que eles vieram buscar. E a partir daí, com as conversas com as famílias, dentro da comunidade, aí os problemas foram surgindo pelo descumprimento do TAC, então surgiu a ideia de se fazer uma Perícia Popular. Perícia Popular é quando você vai buscar o conhecimento, a causa, do problema que está afetando a AMACH, no caso, esse problema da AMACH é o TAC, é o descumprimento do TAC, a violação do termo do Estado. O que é preciso? É a conscientização das pessoas no que elas querem para si como vida pessoal, como vida profissional, como cultura, buscar conhecimentos, porque sem conhecimentos, você não chega a lugar nenhum.

Desejo por melhoras: "Você só vai mudar se dizer: eu quero ser diferente, eu quero uma vida melhor!" A associação AMACH no Pelourinho.

Desejo por melhoras

A pessoa que está lá trabalhando no comércio ambulante precisa fazer um curso de capacitação, precisa ter uma formação para que saia dessa atividade. Mas o que se tem para oferecer a ela para que consiga fazer um curso de capacitação, como sobreviver durante aquele período em que ela sai do comércio ambulante? Nada! Só a vontade de mudança da vida dela, porque ela tem que buscar como é que ela vai fazer para sobreviver. É muito complicado porque toda transformação tem perdas, então precisamos também de geração de emprego e renda, e para fazer geração de emprego e renda são necessárias políticas públicas, é uma questão que diz respeito ao estado. Capacitação vem do cidadão, é o querer de cada um, é a consciência dele. Você vai mudar se você quiser, você é cidadão livre, consciente e ativo, se aquela sua vida está boa para você, não vai ser eu, e nem ninguém que vai dizer que você vai mudar, você só vai mudar a partir de que fale: eu quero ser diferente, eu quero uma vida melhor! E aí você cria métodos para que você mesma possa fazer toda a sua capacitação. Isso é também uma forma de dizer que eu pertenço a cidade, eu sou aquilo que a cidade me oferece, o que eu acho que eu posso contribuir com ela. Eu sou diferente do que a sociedade quer que eu seja, uma sociedade que põe rótulo e que determina o que você vai ser a partir de ações políticas e públicas. Quando você diz: eu quero, será que querer é poder? Poder é querer? Será que querer é conquistar? Será que conquistar é possuir? Será que possuir é ter? Eu não sei, eu só sei o que eu quero, eu sei que quero! Então eu determinei o que eu quero ser, não importa se você não queira. É um desejo de autoafirmação você querer, e você busca, você passa por cima de obstáculos.

Associação de Moradores do Loteamento Nova República

Vera Lúcia Machado Teixeira, presidente da Associação de Moradores do Loteamento Nova República

Vera Lúcia Machado Teixeira no Nordeste de Amaralina.

O Nordeste de Amaralina é uma região consolidada de baixa renda ao Sul de Salvador. Tem como limites um parque urbano ao Norte, a linha da costa e a praia ao Sul, além de bairros de alta renda adjacentes. É composta por quatro bairros: Santa Cruz, Chapada, Nordeste e Vale de Pedrinhas, nas quais 86% da população se autodeclara negra ou parda e tem baixos níveis de escolaridade e renda. A maioria dos moradores trabalham informalmente na construção civil ou em serviços domésticos nos bairros ricos vizinhos como empregadas e jardineiros, por exemplo. Os moradores do Nordeste de Amaralina encaram problemas como desemprego, acesso precário à infraestrutura e serviços sociais e conflitos decorrentes, em parte, da violência policial e de atividades ilícitas. Esses problemas, de alguma maneira, têm afetado diretamente o bem-estar das pessoas que ali residem, e levado à estigmatizaçãoo da região e sua população.

A Associação de Moradores do Loteamento Nova República é uma organização de base comunitária localizada no bairro Santa Cruz e foi a primeira área ocupada na região durante os anos 1950. Segundo os moradores, hoje sua população ultrapassa 40 mil habitantes. A Associação de Moradores do Loteamento Nova República foi fundada com o objetivo de mobilizar a comunidade local para gerar mudanças no bairro que beneficiem seus habitantes. Atualmente a associação oferece educação política, aulas e cursos para os jovens e crianças como xadrez, percussão, boxe e outras atividades. A associação também trabalha em parceria com uma organização que abrange toda a região, a Associação de Moradores do Nordeste de Amaralina (AMNA), fundada em 1981, que luta pelo direito a moradia, promove educação para saúde e atividades educacionais políticas e culturais entre as comunidades.

Direito à cidade

Para mim, o direto à cidade é ter direito a um posto médico de qualidade, saúde de qualidade, escola de qualidade, ensino de qualidade, áreas de lazer e acessibilidade, que nós não temos em nossa comunidade. A mobilidade do bairro é muito complicada. O prefeito que está no poder, na gestão, precisa olhar para o bairro, ter atenção à juventude que está se destruindo nas drogas, por conta da falta de educação. Onde não tem educação, sobra violência. Então a gente necessita se sentir parte desta cidade. Na minha opinião, direito à cidade seria educação, saúde, lazer, mobilidade e acessibilidade. O pouco que conquistamos foi com muita luta, porque a gente sempre está sendo paralisado, engessado. É um bairro que se torna engessado. Então, nossa luta quem faz somos nós mesmos. É uma questão de educação, uma escola que está com problema, posto de saúde que está com problema, nos reunimos, pressionando com a imprensa, pressionando com os nossos colegas que têm mais acesso às informações, leva

Direito à cidade: Existe risco de desabamento em algumas áreas construídas em cima da areia, quando vem tempestade não tem nada que as segure.

para fora até do país. Então, quando chega na ONU num instante as coisas se resolvem. Hoje nós só temos repressão, a repressão do braço armado da espada, nós não temos ações sociais, assim o nosso bairro fica invisível. Eu sempre digo: nós somos invisíveis. E hoje vivemos quase miseravelmente porque o desemprego é grande. As pessoas sobrevivem de catar material para reciclagem, e só com reciclagem não dá para viver bem! Tem pessoas que moram em barracos de madeira, junto com bichos peçonhentos, barata, rato, escorpião, cobra, em uma duna de areia que, para mim, é a pior vergonha do município. As pessoas não têm acesso a um saneamento básico, não têm acesso à saúde porque só tem um posto de saúde para atender o bairro. A gente fica desassistido e não se sente parte da cidade, queria ter o direito a fazer parte desta cidade. Porque eu acho que a cidade é para todos e é o nosso direito. Mas a sensação que eu tenho é de não pertencer à cidade. Os poderes públicos só procuram quem tem compromisso com o bairro quando é época de eleição, ou quando teve algum problema de violência no bairro, aí os poderes públicos enxergam. Mas, no mais, não vê a gente como gente. E nós gostaríamos de sermos vistos como gente, para pertencer a esta cidade.

Esperança: "Eu tenho esperança que os jovens tenham mais assistência, tenham vontade de viver, que tenham a autoestima elevada."

Esperança

Esperança é ver as crianças nascerem, terem uma assistência em creches para que as mães possam ter condições de trabalhar, porque hoje em dia a maioria das mães são solteiras. Minha esperança é ver um bairro menos discriminado, com menos preconceito, principalmente com as pessoas que moram nas áreas mais carentes. Eu tenho esperança que através de uma educação de qualidade, nós possamos mudar os pensamentos da juventude do nosso bairro, que eles possam ter acesso a universidades. A minha esperança é que a gente tenha um bairro mais reconhecido, mais respeitado. Que a mídia não olhe para o nosso bairro só quando tiver situações de violência. Que a gente tenha famílias unidas com pai, mãe, os filhos. Que os professores de escola tenham mais compromissos com o ensino. Que os pais tenham mais cuidado com os seus filhos. O governo estadual implementou no nosso bairro o Pacto Pela Vida, que não trouxe esperança nenhuma, só trouxe mais problemas, porque a violência no nosso bairro multiplicou. Nós não temos confiança na polícia, o tráfico domina nosso bairro, então nossos jovens não crescem, nossas adolescentes com doze anos já estão engravidando e parindo. Eu tenho esperança que os jovens tenham mais assistência, tenham vontade de viver, que tenham a autoestima elevada. A autoestima da nossa comunidade é muito baixa. Que os jovens possam buscar a identidade do nosso bairro. Nossa região é Nordeste de Amaralina e não existe divisão. A Secretaria de Segurança coloca "Complexo do Nordeste de Amaralina". E "Complexo" é uma coisa que só reflete a violência. Nós perdemos muitos jovens. Eu tenho esperança que a gente não venha perder nossos jovens para as drogas, para o homicídio, para o embate com a polícia. Às vezes nem é embate, é o instinto sanguinário mesmo de matarem nossos jovens, mutilarem. Nós temos muitos jovens mutilados no nosso bairro, muitas mulheres com doenças, muitas famílias doentes. A minha esperança é que no futuro a gente veja o Nordeste melhor, um Nordeste como antigamente, podia sentar na porta para conversar, para fazer um churrasco e hoje em dia não se pode mais, não tem mais essa liberdade. Minha esperança é que a gente tenha um novo Nordeste de Amaralina: o Nordeste de Amaralina de 1960. Esperança é confiar. Ter esperança é ter fé que as coisas vão acontecer. Para mim a esperança se resume a isso aí: acreditar, ter fé, confiar, esperar e lutar para acontecer! Porque sem luta não tem vitória.

Identidade do Bem Comum

Aqui o Carnaval mobiliza o bairro todo, a festa de São João mobiliza o bairro todo. Tem até o Forró da Sucupira, que é uma rua apertadinha, que cabem "não-sei-quantas" mil pessoas. Então, eu acho que isso aí já é uma característica do bairro: saber se unir para brincar, para ter lazer, sem confusão. A maior característica do nosso bairro é que são pessoas trabalhadoras, só que tem uns que têm mais esforços do que outros. Então os que têm mais esforços conseguem seus objetivos. Tem a união, porque nós conseguimos nos unir para ter lazer, nem que seja só um dia, dois dias; e acho que é isso aí. Tem aqueles que querem ver o bairro, a mudança no bairro; mas tem outros que querem fazer individual, cada um fazer o seu. Então, é muito difícil essa questão de se unir para lutar pela causa do bairro. O bairro perdeu muito com a individualidade das lideranças comunitárias, com a falta de união. Fica todo mundo separado e o bairro vai perdendo e já perdeu muito, porque o bairro hoje está à mercê de política. Às vezes acontece de um político só que sente que domina o bairro e a região do Nordeste toda, porque tem dinheiro. Derrama dinheiro no bairro e o bairro fica vendido. Então, termina-se perdendo nossa identidade de bairro, de região Nordeste de Amaralina. Termina-se perdendo o que foi construído por conta dessa falta de interesse dos políticos de ver o bairro crescer, por conta da especulação imobiliária

Identidade do Bem Comum: "Tem aqueles que querem ver o bairro, a mudança no bairro; mas tem outros que querem fazer individual, cada um fazer o seu." Evento de mapeamento comunitário no Nordeste de Amaralina.

e por conta das pessoas do bairro se venderem aos políticos. Os líderes comunitários se tornam assessores e não olham para a comunidade; veste mais a camisa do político do que da comunidade. A identidade de luta coletiva, que se perdeu. Assessores políticos, vereadores e deputados que nem moram mais no bairro, quando querem alguma coisa dizem que moram no bairro, mas é mentira. Às vezes a família mora, mora o pai, mora a mãe, mas ele não mora mais, são poucos que moram no bairro, mas a maioria quando consegue melhorar de vida sai do bairro, e se dizem representantes do bairro. Quando nós somos convocados para trabalhos com estudantes sobre o bairro, poucas lideranças abraçam porque não dão importância, não veem naquilo, um mapeamento do bairro, como um ponto positivo para a nossa comunidade, para saber como vive o morador da região Nordeste de Amaralina, e da importância da identidade dos bairros, do bem comum.

Grupo Cultural Arte Consciente

Alex Pereira é um dos fundadores do Grupo Cultural Arte Consciente, onde também é colaborador e professor.

Alex Pereira em Saramandaia.

Saramandaia é um bairro de casas autoconstruídas no centro geográfico de Salvador que foi ocupado a partir da década de 1970. De acordo com dados oficiais do IBGE (Instituto Brasileiro de Geografia e Estatística), a comunidade tem cerca de 12 mil moradores, dos quais a maioria tem renda média menor que um salário mínimo. Saramandaia foi classificado como ZEIS (Zona Especial de Interesse Social) em reconhecimento às necessidades da área, que carece de infraestrutura social e urbana como espaços recreativos, coleta de lixo e sistema de esgoto. No entanto, mesmo protegido pela lei de zoneamento, fatores como a localização central do bairro, que fica próximo a pontos nodais do sistema de transporte, shoppings e empreendimentos de casas de alto padrão, tornou a área atrativa a investidores. Atualmente a comunidade também tem estado sob ameaça do projeto Linha Viva da Prefeitura Municipal de Salvador, uma via expressa com pedágio concebida em parceria público privada e que, se implementada, cortará o centro do bairro tomando parte significativa de suas terras, casas e espaços verdes. Um dos desafios centrais que os residentes de Saramandaia enfrentam na luta de resistência contra a remoção da sua população é a falta de visibilidade pública. Em resposta a esse desafio, residentes e grupos da comunidade juntamente com os integrantes do grupo de pesquisa Lugar Comum da Faculdade de Arquitetura da Universidade Federal da Bahia se mobilizaram ao redor do grito "Saramandaia Existe".

Arte Consciente é uma organização cultural em Saramandaia idealizada em 2003 por um grupo de jovens do bairro. A organização visa preparar os jovens da comunidade para a vida, ensinando arte e princípios de cidadania, coexistência e respeito. O centro do grupo Arte Consciente oferece aulas em variadas expressões artísticas e corporais, incluindo percussão, circo, capoeira e boxe.

Direito à cidade: A desigualdade entre a cidade periférica de Saramandaia e a cidade corporativa ao lado.

Direito à cidade

Direito a gente não tem não, só tem no papel na verdade. Aqui no Brasil, direito só quem tem são eles lá que estão no poder. Um exemplo aqui, da nossa comunidade, em alguns locais aqui da cidade existe uma praça, e aqui na comunidade, onde existem quase 50 mil habitantes, nós não temos uma área de lazer, nem uma praça. Falando em direitos, a gente entende que duas escolas municipais, e duas escolas estaduais não suportam a demanda da nossa comunidade. E além dessa demanda, na verdade, as escolas, no caso, não têm um olhar mais voltado para a educação, geralmente as escolas são carentes de manutenção, de professores e alimentação para os alunos. E além dessas situações, a gente percebe também que aqui o carro do lixo, por exemplo, passa dois, três dias sem aparecer para pegar o entulho. A gente também percebe que a nossa comunidade é muito discriminada, apesar de ela existir em uma região onde existem três shoppings, o órgão público não investe na comunidade, em uma praça, área de lazer, saneamento básico, escola. Por que eles fazem isso? Porque na verdade se ficamos em decadência, eles vêm com a solução, querendo comprar suas casas com menores preços para montar hotéis, apartamentos. Temos um exemplo agora *(do projeto)* da Linha Viva, criar uma linha viva para diminuir a população de Saramandaia, não só de Saramandaia, como outros bairros também. É um projeto que não é para desafogar a cidade, é desafogar o bolso deles. Além de destruir a mata que nós temos. Tiram as casas, tiram as escolas, tiram áreas de lazer. Então, nesse sentido, a gente entende que eles vendem a nossa cidade, sem a nossa participação. Entendemos que nós ficamos à mercê, por não termos um representante do bairro dentro da Câmara dos Vereadores para que represente a nossa comunidade e trate da nossa comunidade. Anteriormente teve um prefeito que botou um ônibus chamado "Amarelinho" para cada bairro e Saramandaia recebeu um dos ônibus. Esse ônibus só rodou duas semanas aqui dentro, eles tiraram o ônibus daqui. E nisso provocou uma desordem dentro da comunidade, revoltante. Por a gente morar em uma região muito rica em termo de administração da cidade, é que eles tentam tirar o nosso bairro, manipulando a nossa comunidade, criando vias dentro da comunidade e, pelo que a gente sabe, teve um grupo de estrangeiro que iria comprar Saramandaia para construir "Alphas Villes" aqui dentro. Eles inventam melhorias na cidade, tirando as casas das pessoas, escolas, área de lazer.

Resistência

Saramandaia tem muitos problemas e vive em decadência. As pessoas formam grupos para que possamos melhorar nossa comunidade. Dando autoestima e mostrando que nós não só dependemos do governo, do prefeito, do vereador. Na verdade, a gente percebe também que muitas pessoas ficam segregadas por resistências dos poderes públicos. Elas ficam achando que não têm condições, não têm capacidade de estar lá brigando, conseguindo as coisas. Quando você debate com o poder público, o poder público recua, afasta, e quando afasta ele não quer fazer algo para dentro da comunidade. Então, quando você debate com ele reivindicando os direitos que a comunidade tem, aí afasta, e se bate de frente geralmente para a comunidade fica difícil. Quando você chega com várias propostas para o governo, eles ficam indignados, mas a gente está buscando nosso direito. Na campanha eleitoral prometem várias coisas, e na verdade não estavam fazendo nada. Então você chega tão indignado que você ali não chega mais para conversar porque você conversa o tempo todo com eles. Então vai ter uma hora que você vai chegar e vai conversar já num tom mais alto, onde eles vão recuar e vai ter essa situação, e aí o confronto vem na época de eleições quando a gente não deixa ninguém entrar no bairro.

Resistência: "Dando autoestima e mostrando que nós não só dependemos do governo, do prefeito, do vereador." Grafite de Lampião, o Virgulino Rei do Cangaço.

Arte Consciência. "Então, nós incentivamos a própria comunidade a buscar os direitos dela, através da música, através do circo, dança e capoeira. E nesse intuito a gente mostra a nossa indignação através da arte."

Arte Consciência

O que me faz lutar é que eu sou filho de uma mulher que não sabe ler, de um pai que não sabe, fui criado na rua, fui muito discriminado na rua, trabalhando. Aonde uma associação, um projeto como esse foi que me incentivou ao estudo, me incentivou a fazer esse trabalho hoje com as comunidades onde o governo não investe, a gente acaba tentando dar uma incentivada, um incentivo. Então, nós incentivamos a própria comunidade a buscar os direitos dela, através da música, através do circo, dança e capoeira. E nesse intuito a gente mostra a nossa indignação através da arte. A desigualdade no Brasil é muito grande, tem poucos que têm muito, tem muitos que têm pouco. Assim, a comunidade carente tem um pão e consegue dividir para outros, enquanto outras pessoas tem e não conseguem dividir nada, não conseguem ajudar de forma nenhuma. Essa desigualdade que nós vivemos é uma coisa que eu não sei nem como descrever. Contra isso que eu faço os protestos incentivando as pessoas, dando uma autoestima a elas, mostrando que elas têm capacidade. Tem muitos jogadores de futebol que vem de uma comunidade, e hoje, por estar num outro patamar, esquecem de onde vieram. Se cada uma dessas pessoas desse 1% da fortuna que eles têm a, não só associações, como trabalhos culturais para incentivar esses jovens, conseguiríamos ter um mundo bem melhor. Por exemplo, aqui eu devo dar aula, construir, limpar, varrer, nos não temos uma equipe para poder nos dar um suporte melhor na comunidade. Nossa luta a gente expressa através da música, por exemplo. Arte consciência.

Ocupação Luisa Mahin

Márcia Amorim Ribeiro e Selma de Jesus Batista, integrantes do Movimento de Ocupação Luísa Mahin

Márcia Amorim Ribeiro e Selma de Jesus Batista na sala de aula da Ocupação Luisa Mahin diante de uma foto de Luisa Mahin.

A Ocupação Luisa Mahin é uma ocupação de um prédio público em Salvador no bairro do Comércio, no centro histórico da cidade baixa. Seu nome faz honra a Luisa Mahin, heroína pobre e negra do movimento abolicionista da Bahia no século XIX. O bairro do Comércio foi um importante centro comercial e administrativo da cidade que foi sendo abandonado a partir da década de 1960, uma vez que suas funções se deslocaram para o leste da cidade num processo que deixou muitas propriedades no bairro vazias (embora muitas estejam de fato ocupadas por usos informais e não documentados). Como a maioria dos prédios é protegida por lei em área de proteção ao patrimônio arquitetônico, os edifícios não podem ser demolidos e muitos são deixados vazios por especuladores imobiliários na esperança que arruínem por conta própria e liberem espaço para novos empreendimentos. Nos últimos anos essa área tem sido foco de especulação do mercado imobiliário facilitada pelo Estado, como por exemplo através de incentivos fiscais do programa Revitalizar.

A ocupação Luisa Mahin está em um prédio de propriedade do governo do Estado que serviu como Centro Público de Economia Solidária até 2015, quando foi abandonado. Desde quando o grupo ocupou o prédio em 2016 ele funciona como casa para mais de vinte famílias[1]. A maioria dos residentes são de Urugai e Boca do Rio, dois bairros de renda baixa de Salvador, caracterizados por altas taxas de pobreza, violência, superlotação e com acessibilidade precária ao centro da cidade. A Ocupação foi iniciativa do MLB (Movimento de Luta no Bairros, Vilas e Favelas) um movimento socialista fundado em 1999 que visa usar ocupações como estratégia para desafiar a lógica capitalista da propriedade privada. A ocupação é, portanto, uma solução de moradia para seus residentes e uma ação de resistência e luta por moradia decente para os pobres e trabalhadores de modo geral. A ocupação Luisa Mahin proporciona moradia para seus residentes e também tem sido usada como espaço para educação comunitária gratuita para todos interessados que estão excluídos do sistema educacional na cidade. A escola inclui jardim de infância, educação política, alfabetização de adultos e aulas de arte.

Direito à cidade

O direito à cidade é ser cidadão, é ser humilde, ter direito a tudo que for necessidade da gente. Ajudar o próximo e ser ajudada também. A cidade não nos oferece o nosso teto, se a gente está aqui hoje é porque merecemos ter um teto que a gente não tem. Mas também precisamos de uma escola digna para a gente estudar à noite, fazer um curso, ser dono de nosso nariz, não depender de mais ninguém para nada. Eu mesma gosto muito de estudar para aprender muita coisa que eu ainda não sei. Gostaria muito de ter um trabalho, que existissem creches, porque tem

Direito à cidade: "Se não trabalharmos duro pelos nossos direitos, nada acontece."

muita criança que está precisando de creche, e aqui não tem creche. Aqui tem muito preconceito, somos negras e, de vez em quando a gente vai para um trabalho em alguma empresa, e sempre não nos aceitam pela nossa cor. Eu vejo que a maioria das mulheres que arranjam trabalho em empresas, se você observar, a maioria das meninas sempre são bonitas e branquinhas. A gente não tem trabalho digno, a gente não tem nada. Se a gente não correr atrás, ninguém dá nada para gente. O curso que eu estou tomando agora é pago, mas eu conversei, conversei, conversei até que me entenderam e faço de graça, já tem 3 anos. Eu fiz muita roupa de recém-nascido, aí queria mudar, para aprender mais um pouquinho. A gente mora na cidade, e o governo tem que dar coisas para fazer, para ter nosso dinheirinho e ir para frente, não ir para trás. Também estamos batalhando, então o governo tem que ajudar em alguma parte. Se a gente espera, nunca é feito nada. Temos que ter direito a tudo, que não estamos tendo. Direito a estudar, direito a chegar num lugar e todo mundo tratar a gente bem, não tratar a gente mal, não bater as portas na nossa cara. Queremos ter um teto para morar mesmo, para cuidar daquele teto. E hoje o governo tem de agradecer que aqui na ocupação está tudo limpinho, tudo organizado, não tem bagunça, não tem barulho, não tem agonia.

Adaptação. "Se falta água, luz, temos que consertar." Uma torneira de extensão de água instalada pelos moradores da ocupação depois que seu abastecimento de água foi cortado.

Adaptação

O que existe entre nós aqui é união. Unidade e respeito um ao outro. Se falta água, luz, temos que consertar. Se falta luz e um fio não funciona, a gente vai e compra, cada um faz a sua doação, bota no lugar. Um ajudando o outro, não tem agonia. E quando chegamos aqui estava cheio de lixo, tudo desorganizado, tudo sujo, uma bagunça. Um bocado de tapete sujo, molhado. A gente limpou, lavou, jogou sabão em tudo. O bom daqui é que os quartos são separados, tudo direitinho, aí eu gostei. O ruim dos quartos é que estava tudo podre, tudo imundo, as paredes sujas, o banheiro podre. A gente jogou sabão, limpou tudo, organizou tudo, e agora eles querem tomar. Mas Deus não vai deixar acontecer isso não. Chegou um tempo que cortou a água e a luz daqui para ninguém ficar aqui dentro. Assim ficou bastante tempo, muita gente saiu daqui, ficaram apenas algumas pessoas. Ficamos um bom tempo pegando água lá do outro lado, depois conseguimos fazer uma ligação de água e uma de luz. Chegaram a tirar e ligamos de novo. Aqui não tem bagunça, porque tem algumas ocupações que são muito desorganizadas. Mas aqui todo mundo é tranquilo, não tem bagunça. O que tiver sujo a gente limpa, se o banheiro estiver sujo a gente limpa, cada um ajuda o outro. A gente sai daqui e compra tudo lá no Urugai, porque lá é tudo barato, e então trazemos para cá. O trabalho não conseguimos aqui, mas conseguimos no Urugai. Então a gente vai para lá, fica uns dias até a gente arranjar dinheiro e voltar para cá. Porque aqui a gente não acha nada para trabalhar. Lá batemos laje, carregamos bloco, carrega cimento, carrega areia, arenoso, e aqui trabalha com reciclagem, cata no lixo para reciclagem. Esse prédio era do governo antes, e agora estamos querendo fazer uma escola e uma creche aqui também.

O desejo de vida digna. "Nosso desejo principalmente é ter nossa casa, e que nos deixem em paz." Um quarto na ocupação Luisa Mahin.

O desejo de vida digna

Nosso desejo principalmente é ter nossa casa, e que nos deixem em paz. E para isso acontecer temos que guerrear, para conseguir nossas coisas, dar uma solução, conseguir o nosso espaço. Como eu falei que tiraram a luz e a água para gente não ficar aqui dentro, estamos guerreando para ficar aqui dentro mesmo, ter uma casa para gente, para não sermos humilhadas, como eu já fui muitas vezes humilhada dentro da minha casa. Eu quero ter uma casa minha para não ficar sendo julgada, ser dona do meu nariz. Nossa luta é nossa dignidade também. É ter uma escola, para estudar e saber ler um pouco e entender mais um pouco que eu ainda não sei. Todo mundo me chama de burra, mas eu não sou burra. Eu entendo um pouco de cada coisa, e estudando a gente procura guerrear lá fora. Se a gente quer uma coisa, procuramos lutar para conseguir a nossa coisa, nossa morada digna. Sem o estudo a gente não é nada mesmo. Hoje em dia, para ser gari tem que ter o segundo grau completo. Fazer uma faculdade não podemos porque não estamos com com dinheiro na mão para ter uma escola melhor, ou então ter uma faculdade melhor. Hoje em dia as melhores faculdades são pagas. Pelo menos para gente conseguir uma bolsa de estudos, a gente tem que se humilhar, para entrar dentro de uma faculdade. Queremos uma morada, estudar para ser alguém na vida, tomar um curso para aprender o que a gente ainda não sabe, nossos filhos precisam de creche, de escola, que nós não temos. Então, tudo isso o governo tem que oferecer para gente.

Note

1 Em 2018 (quase dois anos após a produção das entrevistas) os moradores entraram em acordo com o Governo do Estado e desocuparam o prédio.

Ocupação Força e Luta Guerreira Maria

Maria Lucianne Lobato Ferreira (Lôra), líder da Ocupação Força e Luta Guerreira Maria e coordenadora estadual do MSTB – Movimento Sem-Teto da Bahia

Maria Lucianne Lobato Ferreira (Lôra) na Ocupação da Guerreira Maria.

A ocupação Guerreira Maria é uma ocupação em um terreno particular na periferia norte de Salvador, próximo ao aeroporto e no limite do município com a cidade vizinha, Lauro de Freitas. Havia seis anos que o terreno estava vazio dentro de um processo de especulação imobiliária, quando, em Novembro de 2016, foi ocupado com o apoio do Movimento Sem Teto da Bahia (MSTB). O terreno agora se encontra subdividido e ocupado por 80 casas autoconstruídas. A maioria dos ocupantes veio do condomínio Bosque das Bromélias, conjunto residencial construído pelo programa Minha Casa Minha Vida, na vizinhança do terreno ocupado. Eles escolheram se mudar para a ocupação por enfrentarem problemas de acessibilidade, superlotação, alto custo de aluguel e de contas, subsistência precária e falta de infraestrutura social. Atualmente os moradores da ocupação estão engajados na disputa judicial com o proprietário, que tenta despejá-los do terreno.

O MSTB, movimento que tem dado apoio à Ocupação, foi fundado em 2003 a partir da necessidade de organizar mulheres e homens para conquistar habitação e outros direitos sociais necessários à vida digna. Desde então, o movimento organizou trinta e quatro ocupações na Bahia, dezessete delas em Salvador, usando o lema "Organizar, Ocupar, Resistir" e dando ênfase ao conceito de "vida com dignidade". O MSTB se propõe a enfrentar o deficit habitacional que atinge tantas pessoas ao mesmo tempo que muitas casas e terrenos permanecem vazios em solo urbano, mesmo que o Estatuto da Cidade de 2001 tenha assumido um compromisso público afirmando a função social da propriedade.

Direito à cidade: "Nós precisamos mais do que temos e ter só por perto não é o bastante." Diego e Eduardo numa biblioteca ou sala de aula.

Direito à cidade

Eu não me sinto com direito à cidade. Eu vim de uma ocupação que se chama Quilombo Guerreira Ninha. E quando eu cheguei ao Conjunto

Habitacional Bosque das Bromélias, que são 2.400 famílias, pensei que fosse só morar, mas tivemos que lutar por tudo, como o transporte escolar, transporte público e passarela (que só conseguimos depois de uma pessoa morrer em um acidente). Pelo menos no projeto já havia tudo isso, mas até hoje não temos Posto de Saúde, por exemplo. Aí nos deparamos com o fato do projeto não ter sido cumprido e essa série de problemas. Então tivemos que reformular e lutar por tudo. Então, que direito à cidade que não é oferecido a essas pessoas, inclusive a mim? Em seguida, me deparei com um problema maior, que foi a necessidade de moradia: a maioria das pessoas morava de aluguel no Bosque das Bromélias, o Conjunto Habitacional que nós, pessoas de baixa renda, ganhamos, e de repente virou compra e venda. O Movimento tem o dilema dele, resolver o problema das famílias, mesmo que seja ficando dentro de um barraco, mas sem pagar aluguel. Não importa se é dentro de um barraco, se é debaixo de uma lona, o importante é que as famílias estejam amparadas, é a solução do movimento. E até porque se a gente não ocupa, só faz reuniões e só conversa com Governo do Estado, isso não é pressão. Qual o direito que essas famílias têm aqui na ocupação, se não fosse o movimento, o MSTB? Não temos esgoto. Temos "gato", porque a gente puxou, compartilhou e pagou. Temos água porque pagamos. Então eu, como representante da comunidade, não me sinto no direito à cidade. Me colocaram num conjunto habitacional, que é do outro lado da cidade. Antes eu tinha tudo, e aqui eu tive que construir tudo de volta. Agora temos ônibus, que é para levar essas crianças para São Cristóvão e voltar. Os ônibus dão problemas constantes e é a Prefeitura que paga. E, se fosse pela vontade da Prefeitura, as crianças iam andando para São Cristóvão, e nós como movimento, não deixamos. Então eu não sei que direito à cidade é esse. Tem que ser discutido, tem que ser dialogado, porque o pessoal do movimento, do MSTB e outros movimentos, são sem-teto, não fazem parte desse direito à cidade, que está tudo aí no papel, bonitinho, mas que só é em capa de revista, porque para a gente não há. Ter direito à cidade seria ter posto de saúde perto de minha casa, uma bela escola para a minha filha estudar, um transporte público que não fosse tão precário como o que temos. Eu acho que isso atenderia um pouco das necessidades. As outras coisas a gente poderia ir passando, mas quando se fala em educação e saúde, aí as coisas ficam bem difíceis. Conseguimos construir a creche, mas não tem funcionário até hoje. Os que têm são voluntários. Todo mundo é voluntário, não tem um contratado. Então por isso que a luta não tem que parar.

Comunidade: "Se não fosse pelo movimento, não haveria essas comunidades." Dona Elena e Lia, figuras importantes da ocupação, trabalhando em conjunto com Lora na horta comunitária.

Comunidade

Comunidade eu acho que seria a Comunidade do Bem-Viver tão sonhada. Seria organizar pessoas, viver bem, até que tenha diferença dos outros, mas na hora que a gente vai para luta, todo mundo se abraça, todo mundo se beija. Tentar mostrar na nossa comunidade o potencial que a gente tem de fazer uma horta, fazer um jardim, fazer uma sede, de fazer uma escola e até procurar funcionário para colocar dentro dessa escola para eles pagarem. Mas isso é uma coisa ainda a ser atingida, esse objetivo ainda não foi alcançado porque a nossa ocupação ainda é um bebê. Estamos caminhando para os seis meses e estamos com uma ação de reintegração de posse. O que impede é isso, porque aqui temos carpinteiro, pedreiro, temos tudo. Se fosse o caso de construir, todo mundo faria as ruas. Às vezes, fica um pouco confuso porque alguém avançou, mas vamos lá, tiramos a cerca do lugar e recolocamos no lugar certo. Porque é 13x10 [metros] para todo mundo. Lá no Condomínio Bosque das Bromélias faltaram os equipamentos e estamos correndo atrás. Só conseguimos a creche, a passarela, o transporte público e o transporte escolar. E o transporte escolar atende as crianças daqui. Em termos de viver de comunidade, lá é um pouco confuso, porque tem liderança que só diz que é líder mas não faz nada, em termos de luta é assim: lá você já ganhou a casa, as coisas pararam. Então você tem que dar um "aperto na mente", se não as pessoas parecem que ficam neutralizadas e não vão para a frente. Eu acho que, em primeiro lugar, quando falam comunidade, vem o movimento. Porque, se não fosse o movimento, não existiriam essas comunidades.

Movimento. "Eu acho que o movimento é a peça-chave dessa entrevista." Foi através do movimento do MSTB que Lora conseguiu seu apartamento.

Movimento

Eu acho que o movimento é a peça-chave dessa entrevista. Nosso movimento não tem uma cabeça que manda em tudo, mas sim todos mandamos. Decidimos em coletivo, então eu acho que isso é a peça-chave, é esse movimento que o povo acredita, o povo vai atrás e a gente faz o possível e o impossível para acontecer. Quando o dono chega querendo a reintegração de posse do terreno, a gente não fica de braços cruzados, movemos céus e terras e vamos para cima do que for preciso. Nós, como movimento, procuramos a mesa de negociação, a Defensoria Pública, o Ministério Público. Procuramos o dono do terreno, para dizer a ele que a Secretaria de Habitação tem que intervir. E quem deu esse suporte, os cursos de formação política, foram os parceiros que apoiam o movimento. Então, se não fosse o movimento, eu não sabia de nada do que estou falando. Por exemplo, dentro desse movimento, existe a coordenação estadual e a local. A coordenação estadual é a que vai para a mesa de negociação, mesa de conflitos e todos os tipos de problemas que vierem. A local são pessoas que lideram dentro de uma comunidade, e, com o tempo, observamos se ela tem potencial para se tornar coordenação estadual. Eu participei de ocupações e me tornei coordenadora pelas coisas que eu fazia. E aí teve o curso de Formação Política e eu fui convidada. Então me tornei coordenação local. Aprendi como me portar numa mesa do Governo do Estado. No começo, tínhamos medo até de ir para a prefeitura, hoje é muito mais fácil. Através do movimento vem essa consciência política que a gente traz para dentro da ocupação, com os cursos de formação política. Se não tivéssemos o movimento para nos instruir, no nível que a gente está hoje, eu garanto que, no primeiro momento que chegasse a polícia, com a reintegração de posse, a gente "perdia a cabeça" e não sabia nem o que fazer. E se a gente não tivesse essa instrução, essa comunidade não estaria existindo. Uma vez eu fui detida, era menor de idade. Não sabia o que estava fazendo, eu não sabia o porquê de estar lutando. E hoje sei qual a minha causa e o que eu quero. A gente precisa capacitar essas pessoas, porque quando você decide as coisas em coletivo, você não quebra a sua cabeça. Então eu aprendi a colocar sempre o coletivo na frente, para eles decidirem o que querem da vida. E se for por esse caminho, ninguém se perde.

Inclusao Londres

Ellen Clifford

Ellen Clifford

Inclusion London é uma "organização guarda-chuva" que apoia mais de setenta organizações de pessoas surdas e portadoras de deficiência em Londres. A maioria dessas organizações é liderada por pessoas com deficiência e trabalham para proteger os direitos, promover campanhas por igualdade e inclusão, e proporcionar serviços e outros meios de apoio e cooperação para essa população. A Inclusion London recentemente lançou o projeto Disability Justice [Justiça para Deficiência], que procura realizar ações jurídicas estratégicas com base nas leis Care Act, Equalities Act e do Human Rights Act [leis que dispõe sobre princípios e políticas de assistência social e saúde, redução de desigualdades socioeconômicas e direitos humanos, respectivamente].

Ellen Clifford é gerente de campanhas e políticas na Inclusion London, onde apoia organizações em estratégias de campanha, busca aumentar a representatividade de pessoas surdas e portadoras de deficiência na mídia, e tem como foco a elaboração de políticas públicas nacionais e relatorias para as Nações Unidas. Ellen é sobrevivente de doença mental e se identifica como pessoa com deficiência de acordo com o modelo social de deficiência. Ela também é ativista na rede de campanhas comunitárias Disabled People Against Cuts [Pessoas Deficientes Contra Cortes], DPAC, que tem exposto e denunciado políticas públicas que impactam a vida de pessoas com deficiência. Além disso, essa rede cria espaços para essas pessoas se reunirem e se sentirem empoderadas, proporcionando dicas e grupos de apoio.

Reivindicar nossos espaços: "Nós vamos até os lugares onde as pessoas no poder tomam decisões que afetam nossas vidas." Membros do grupo 'Pessoas Deficientes Contra Cortes no Orçamento' no Parlamento Britânico.

Reivindicar nossos espaços

Definitivamente nós usamos muito esse conceito. Nós vamos até os lugares onde as pessoas no poder tomam decisões que afetam nossas vidas. Nós sempre tentamos ter reuniões no Parlamento, que não foi desenhado para receber cadeiras de rodas, por exemplo. Isso significa que nós não cabemos na sala, que teremos que nos espalhar pelos corredores, o que nos torna mais visíveis e os políticos não podem nos ignorar. No entanto, é mais fácil fazer campanha sobre questões de acessibilidade do que sobre reformas nas políticas de assistência e bem-estar social.

Nós tentamos influenciar tomadas de decisão de todas as formas que podemos. Outras formas de reivindicar o espaço para tomada de decisão é através de processos legais na Suprema Corte e usando a Convenção das Nações Unidas. Por exemplo, a rede de campanhas comunitárias desencadeou uma investigação através da Comissão sobre Direitos das Pessoas com Deficiência das Nações Unidas e eu fui a Genebra para dar depoimento a respeito da rede Disable People Against Cuts e da organização Inclusion London. Isso talvez ajude a influenciar a política da oposição. Mas a única forma de desafiar autoridades locais é se o indivíduo for corajoso e forte o suficiente e tiver apoio adequado para entrar com uma ação jurídica, e as mudanças no Legal Aid [política de financiamento do governo britânico que ajuda com custos para assistência e orientação jurídica] significam que nem todos podem recorrer a essa estratégia.

Nós estamos envolvidos em todas as áreas que nos preocupam e onde os direitos das pessoas com deficiência estão sendo atacados: educação, moradia, transporte. Por exemplo, algumas companhias de trem alegam que pessoas não podem ter assistência para embarcar sem agendarem isso com 48 horas de antecedência. Transporte acessível é um ícone para o movimento por direitos de pessoas com deficiência uma vez que é sobre a liberdade de ir e vir. Em julho a rede organizou a "Semana de Ação" que, entre outras coisas, reivindicava o direito à acessibilidade no transporte para pessoas com deficiência. O sistema de transporte não foi feito para acomodar pessoas em cadeiras de rodas viajando juntas, então nós vamos organizar ações diretas para conscientização sobre essa questão.

Bem comum

A inclusão de pessoas com deficiência é um bem para toda a sociedade, mas esse não é um argumento simples de ser feito. O aspecto econômico geralmente é mencionado, se tornando argumento para o mercado investir em "vida independente". Para que pessoas com deficiência tenham as mesmas oportunidades na vida é necessário investimento, seja para adaptações físicas ou para oferecer a assistência necessária. Se o governo

O Bem Comum: "Somos muitos e nossas vidas dependem de outras; se nossos benefícios são cortados isso tem um efeito também sobre nossas famílias, amigos e vizinhos." Audrey e Dave, membros da DPAC [Pessoas Deficientes Contra Cortes].

investe em cuidadores ele cria empregos e pessoas com deficiência bem assistidas podem também se empregar e contribuir para a economia. A mensagem em torno de políticas de austeridade é que pessoas com deficiência custam caro, que somos um fardo para a sociedade e que não podemos esperar ter as mesmas oportunidades e escolhas de vida como os outros. Em geral existe uma percepção de que somos mais isolados do que realmente somos. Mas há muitos de nós e nossas vidas são independentes; se benefícios e assistência são cortados isso também vai afetar a família, os amigos e vizinhos. Uma amiga minha estava participando de um coral comunitário e a sua cuidadora disse a ela que estavam cortando o pacote de assistência e que se ela quisesse continuar participando do coral os outros membros teriam que levá-la ao banheiro e dar a ela sua medicação. Ataques a pessoas com deficiência abrangem comunidades maiores, pessoas se preocupam e se chateiam com isso.

No entanto, existe um perigo em usar esse argumento econômico. Nós precisamos ter um entendimento baseado no valor de que toda vida é importante. Uma das questões com o governo tentando colocar todos para trabalhar é que algumas pessoas simplesmente não podem trabalhar. Existem muitas organizações de pessoas com deficiência que não querem dizer isso porque entendem que esse argumento envolve o risco de desvalorizar essas pessoas. Mas ao mesmo tempo, se você foca somente nessa ïdéia de que trabalho é bom para todos, isso também tem um impacto de desvalorização dessas pessoas. Existe um documento do governo chamado Green Paper que surgiu no começo desse ano e muitas entidades deram boas vindas porque era sobre apoiar emprego para pessoas com deficiência. Mas existe uma mensagem assustadora implícita nesse documento, a de que o trabalho beneficia todos e que se você não participa do mercado de trabalho você vai perder o apoio que necessita. Isso ignora as recomendações das Nações Unidas e vai além. Algumas vezes existe tensão entre organizações que fazem lobby com políticos usando o argumento econômico e movimentos de ativistas que usam argumentos baseados em outros valores. Como ativista, entendo que existem limites que eu jamais ultrapassaria em um trabalho, mesmo que o emprego dependesse disso, se eu sentisse que meus princípios políticos estavam sendo contrariados. Eu acredito que o melhor caminho para influenciar é através de resistência coletiva e demanda por mudança. Democracia parlamentar é muito limitada mas tentamos usá-la como podemos.

O modelo social da deficiência. "O ponto principal a respeito do modelo social é que ele é uma ferramenta para mudança social, para pessoas identificarem uma barreira comum e se mobilizarem coletivamente." Membros de pessoas com Deficiência Contra Cortes em um protesto.

O modelo social da deficiência

A idéia do modelo social da deficiência é que não há nada de errado conosco, pessoas com deficiência. O ponto principal a respeito do modelo social é que ele é uma ferramenta para mudança social, para pessoas identificarem uma barreira comum e se mobilizarem coletivamente. Alguns exemplos de usar o modelo social seriam: ter uma rampa no lugar de escadas para pessoas que usam cadeira de rodas ou ter um cuidador para quem necessita desse tipo de assistência. Ao lutar por essas coisas pessoas com deficiência frequentemente irão protestar e se unir. Já houve algumas vitórias no passado, como a campanha para acessibilidade no transporte, onde pessoas se acorrentaram em ônibus.

Uma das coisas que estamos lutando nesse momento é que a avaliação de benefícios sociais seja completamente revisada e que usem o modelo social de deficiência para isso. O modelo usado agora é desenhado para tirar os benefícios das pessoas, ignorando evidências e assumindo que nós poderíamos melhorar se nos esforçássemos mais, que não precisamos de apoio e que podemos nos virar sozinhos, culpabilizando o indivíduo pela sua condição física ou mental. Nós temos o Care Act 2014 [lei nacional que dispõe sobre os direitos das pessoas com deficiência e também de seus cuidadores, especificando as responsabilidades das autoridades locais em relação a elas], mas as autoridades locais não estão implementando essa lei porque dizem que tiveram um corte expressivo nos recursos e que, portanto, não têm condições de dar às pessoas o apoio que precisam. O modelo mais usado de apoio é o "limpe e alimente": algumas pessoas vêm até sua casa e ficam por um período curto de tempo, no qual te preparam uma xícara de chá ou te levam ao banheiro. Autoridades locais estão dizendo às pessoas que elas são mais independentes usando fraldas para incontinência urinária do que tendo alguém que as ajude a usar o banheiro. As pessoas então não bebem água, não comem por horas e são deixadas sentadas na cadeira. Se uma pessoa portadora de deficiência reclama sobre esse tipo de assistência ela é taxada de difícil.

No que se refere à saúde mental, a iniciativa recente do prefeito chamada Thrive London [Prosperar Londres] tem uma abordagem muito individualista; ela oferece recursos para londrinos aprenderem a lidar com saúde mental, mas não compreende que algumas pessoas vão precisar de cuidado ou que a situação dessas pessoas é agravada por conta dos cortes em benefícios sociais. É muito fácil falar em desafiar o estigma, definitivamente isso é necessário, mas também é necessário olhar para as barreiras concretas que algumas pessoas estão enfrentando.

Então resistência coletiva e ação são muito importantes. Disabled People Against Cuts [Pessoas Deficientes Contra Cortes] cria espaço para pessoas se reunirem e apoiarem umas às outras, e isso proporciona um senso de esperança. Um dos impactos dos cortes é que as pessoas ficam presas nas suas próprias casas, o que as torna ainda mais invisíveis, criando comunidades segregadas. E muitas pessoas não sabem que isso está acontecendo porque o problema está atrás de portas fechadas. Então o que tentamos fazer através dos protestos é trazer essas pessoas para fora e torná-las visíveis publicamente. Nós garantimos financiamento para viagens e nós nos aliamos a outros grupos que fazem campanhas contra os cortes para oferecer uma rede de apoio para pessoas portadoras de deficiência

Elefante Latino

Patria Roman-Velazquez

Patria Roman-Velazquez em um evento de mapeamento da comunidade em Elephant and Castle.

Latin Elephant é uma organização sem fins lucrativos que atua junto à comunidade latino-americana e outros grupos imigrantes e de minorias étnicas de comerciantes, a fim de assegurar que eles tenham voz nos processos de transformação urbana em Londres, particularmente em áreas de rápida regeneração em que há altos riscos de remoção. A organização se origina em uma série de atividades de pesquisa e apoio a esses grupos imigrantes e de minorias étnicas nas Opportunity Areas

[Áreas de Oportunidade] de Elephant & Castle[1] com o intuito de mobilizá-los e fortalecê-los para que sejam reconhecidos e integrados nesses processos de regeneração, como no caso da reconstrução do Shopping Center de Elephant & Castle, que está atualmente em andamento. Latin Elephant estabelece contatos e parcerias com redes comunitárias locais e também de toda a Londres – como o Elephant & Walworth Neighborhood Forum e o Just Space – para aumentar a conscientização sobre as preocupações dos comerciantes e contribuir com as consultas públicas do London Plan [Plano de Londres].

Patria Roman-Velazquez é a fundadora do Latin Elephant e faz parte do corpo administrativo da organização. Patria tem interesse nas histórias e preocupações dos negócios latino-americanos em Elephant and Castle desde a metade dos anos 1990, quando foi a Londres para fazer doutorado sobre música e cultura latino-americana e descobriu que esse era um dos principais lugares onde negócios latinos estavam se congregando. No final dos anos 2000 Patria se tornou mais envolvida no processo e começou a dar apoio a comerciantes com consultorias sobre os novos projetos urbanos, dando continuidade a sua pesquisa que a levou a construir o Latin Elephant. Em 2013 ela deixou seu trabalho acadêmico e se dedicou em tempo integral para estruturar a organização que foi registrada oficialmente um ano depois. Como mulher latina-americana e acadêmica, ela desde sempre tem focado em questões de lugar e identidade. Seu interesse também parte do fato de ser imigrante com origem na classe trabalhadora de Porto Rico, e por ter em sua história e experiência a imigração primeiro para os EUA e depois para Londres.

Reivindicar nossos espaços

Os comerciantes construíram esse lugar chegando individualmente e trazendo vida para esses espaços. Eles sabem que sua força está no conjunto, no fato de todos os comércios latino-americanos estarem na mesma área. A ideia do Latin Quarter [Quarteirão Latino] vem deles e eles querem construir a partir da força que temos, para reivindicar o espaço que eles ajudaram a construir. Outros comércios de imigrantes querem vir para eventos da Latin Elephant e querem ser parte da rede uma vez que eles vêem uma luta comum. Então a Latin Elephant está se tornando uma colaboração de comércios internacionais, advogando para uma economia imigrante e de minorias étnicas mais ampliada aqui. Nós temos nos envolvido em um evento com outros latino-americanos e organizações de imigrantes chamada Migrants Contribute [Migrantes Contribuem], no qual nós usamos o shopping center e organizamos música, dança, ocupando o espaço para mostrar que nós somos uma comunidade forte e positiva e que não estamos aqui para ameaçar ninguém.

Reivindicar nossos espaços: Mapear é muito importante para visualizar o por quê os comerciantes estão lutando, e sensibilizar para o que está aqui.

Mapear foi muito importante para visualizar o por quê que os comerciantes estão lutando e sensibilizar para o que está aqui. Eu não acho que eles estavam conscientes do quão grande esse grupo era e quantos negócios latinos existem nessa área. Ninguém perguntou aos comerciantes o que eles queriam, quais são suas aspirações e eles têm estado frustrados pela consulta. A ideia do Latin Quartier veio das oficinas que tivemos sobre suas aspirações. Seguindo isso, ficou cada vez mais claro que o projeto celebra a diversidade, recebendo outros grupos, é um ponto de convergência de comércios imigrantes. Isso não é só sobre latino-americanos e nós queremos assegurar que todos os imigrantes e grupos étnicos se sintam parte disso.

Nós estamos ativos reivindicando espaços também em lutas maiores em toda Londres. Existem muitos processos de regeneração vinculados aos London Plan e Opportunity Areas [Áreas de Oportunidades] que desalojam comunidades, e isso acontece particularmente em áreas com alto índice de população imigrante e de minorias étnicas, que também estão nos distritos mais desiguais. Exemplos de outras áreas são Seven Sisters, Tottenham e Brent, onde os aluguéis tem sido baratos, onde era mais fácil para comércios de imigrantes e de minorias étnicas se instalarem nas ruas principais de comércio e estruturar negócios em grupos, mas que agora estão sendo ameaçados com demolição e remoção.

Bem Comum: "Comércios pertencem ao setor privado, mas lugares como esse Shopping Center são mais do que isso." Negócios ameaçados pelo redesenvolvimento em Elephant and Castle, refletidos na janela de um bar de coquetéis temporário licenciado pelo desenvolvedor da regeneração.

Bem Comum

Comércios pertencem ao setor privado, mas lugares como esse Shopping Center são mais do que isso. Algumas vezes esses comércios são geridos apenas por uma pessoa cuja vida inteira depende do seu negócio. Isso é uma rede inteira de comunidades, um centro de informação onde pessoas se reúnem, um lugar que é familiar e se abre para pessoas solitárias, para pessoas procurando trabalho ou buscando sair de um alojamento superlotado. Algumas vezes o Elephant é o primeiro ponto de parada de pessoas migrando para Londres, como um lugar fácil para montar negócios, e preenche uma função cultural e econômica. Nós precisamos olhar para esses lugares como lugares para o bem comum.

Bem comum para nossa organização é importante porque se relaciona com solidariedade, resiliência, ética, mas também com o modo como os negócios funcionam. Quando uma questão como a do projeto de reestruturação urbana aparece eles apoiam uns aos outros. Mesmo os negócios maiores e mais bem-sucedidos reconhecem que o que faz seu negócio prosperar são todos os outros negócios e defenderiam publicamente o coletivo. Bem comum é compreender a ideia de ação coletiva e função coletiva desse lugar para além do capital privado. Existe um risco quando você decide contestar e resistir quando se luta pelo bem comum, uma vez que você se torna alvo e você está isolado e obstruído. Nosso programa Migrant and Ethnic Business Readiness Programme [Programa de Preparação para Negócios Imigrantes e Étnicos] tem como objetivo formação e resiliência porque comerciantes sabem que estão sendo ignorados e marginalizados.

Eu penso que a língua que as pessoas usam é muito importante no trabalho de base. Eu não estou certa de que o que acontece aqui pode ser chamado de gentrificação. Eu sinto que usar essa palavra disfarça a questão principal que é remoção e destruição. Para mim é um conceito mais forte dizer que você está destruindo nossa comunidade e nos jogando para fora. Se você foca em quem está chegando você coloca a culpa neles, nos indivíduos, e menos nos investidores e tomadores de decisão. Academicamente eu uso "gentrificação conduzida por investidores imobiliários", mas fora da academia é remoção e destruição dos nossos espaços comunitários. Os comerciantes latinos aqui querem um lugar melhor, mas eles querem fazer parte desse lugar.

Resiliência

Existem questões de conectividade, tanto para a organização, quanto em relação às lutas na base. Ambas precisam ser fortes e resilientes. Para mim, resiliência está relacionada à ética e princípios, em ter a confiança dos comerciantes e da comunidade como um todo. Na Latin Elephant nós andamos por diferentes territórios, conversando com o poder público e privado, enquanto permanecemos com nossos princípios e sabendo quem são nossos beneficiados. Nós buscamos alcançar objetivos como fortalecer a capacidade e voz dos comerciantes para negociar a relocação com base nos seus interesses. Resiliência é também comprometimento, estar atento aos riscos de ser cooptado e ao mesmo tempo não querer fechar oportunidades para os negócios. Se sabemos que um

Resiliência: "Para mim, resiliência está relacionada à ética e princípios, em ter a confiança dos comerciantes e da comunidade como um todo." O Coronet, originalmente construído como um teatro em 1872, sobreviveu a ondas sucessivas de redesenvolvimento na área.

projeto é financiado por investidores privados nós podemos promovê-lo, mas isso se nós formos também. Esses investidores tendem a individualizar e fragmentar coletividades. Muitos dos negócios no shopping center têm se unido para ação coletiva, mas não sei até que ponto eles irão. Southwark Council[2] está atualmente propondo o acordo Section 106[3] e uma estratégia de mitigação para os negócios que irão ser afetados pelo projeto proposto do EC Shopping Center. Enquanto Delancey, o investidor privado, está consultando sobre a estratégia de relocação de comerciantes qualificados para o shopping center, nós pedimos um requerimento para o poder público local permitir que as vozes dos comerciantes sejam ouvidas, uma vez que esses reclamam que não foram envolvidos na discussão sobre as estratégias de relocação. Existem 27 comércios que são elegíveis, o que significa que eles não possuem mais de 3 unidades e não iniciaram o contrato depois de Novembro de 2014 quando os investidores do projeto assumiram o controle. Nós também gostaríamos de levantar consciência entre os comerciantes dos arcos mas no momento alguns deles não querem se envolver antes de serem afetados pelo projeto.

Notes

1 Elephant and Castle é um bairro a sul do centro de Londres, uma área de baixa renda e socialmente mista. As Áreas de Oportunidade são áreas visando a regeneração social e espacial como parte do Plano de Londres.
2 Southwark é a autoridade local na qual Elephant and Castle está localizado.
3 Section 106 é um acordo legal de autoridades locais e o setor privado que estabelecem permissões de planejamento e obrigações.

Espaços LGBTQ+

Ben Walters

Ben Walters

Ao longo da última década Londres tem presenciado a perda de mais da metade de seus lugares LGBTQ+[1]. Mesmo que muitos desses espaços fossem bem-sucedidos comercialmente e bem utilizados, eles estavam localizados em imóveis valorizados pelo mercado imobiliário e não puderam concorrer com o uso residencial em termos de lucratividade. Esses lugares são importantes como instituições para a comunidade e cultura queer[2], repositórios de história e patrimônio afetivo. Pessoas LGBTQ+ ainda não têm condições de vida iguais em muitos aspectos e é essencial ter espaços não-normativos onde elas possam se reunir.

Ben Walters editou a seção Cabaret para a revista *Time Out London* entre 2009 e 2013, depois disso a seção foi cortada. Escrevendo sobre performances que em sua maioria aconteciam em lugares populares para a comunidade LGBTQ+, Ben encontrou um trabalho pessoalmente muito gratificante na medida em que pode testemunhar pessoas talentosas desenvolvendo trabalhos em seus próprios termos, o que em si se configurava como experiência política. Depois de sair da revista *Time Out* ele lançou o blog *NotTelevision.net*, continuando a se envolver com a cena dos espaços noturnos de performance, mas também com o aumento do fechamento desses espaços. Isso o levou a estar ativamente envolvido em campanhas para proteger espaços queer, particularmente o Black Cap[3] e o Royal Vauxhall Tavern[4] que têm sido lugares importantes para a comunidade e cultura LGBTQ+ há mais de 50 anos. Para Ben, fazer campanha para espaços LGBTQ+ é algo de interesse pessoal, uma vez que esses espaços são importantes para ele em termos social, político e sensorial.

Ben também faz parte da Queer Spaces Network [Rede de Espaços Queer] que procura conectar campanhas e indivíduos, e trabalhar com a prefeitura de Londres para olhar as regulamentações de planejamento a fim de obter mais apoio estrutural para proteger os espaços existentes e desenvolver novos tipos de espaços queer. O poder dos desenvolvedores para projetos de valorização imobiliária tem que ser impulsionado no nível municipal e por isso a Queer Spaces Network tem trabalhado para influenciar a política do London Plan [Plano de Londres], e também dialogado com a equipe de cultura do prefeito e a Night Czar [Líder da Noite] de Londres, Amy Lamé[5].

Ben escolheu discutir o conceito de diversão e seu potencial para trazer mudança, que é ponto chave do seu ativismo e também da sua pesquisa de doutorado.

Reivindicar nossos espaços

Em nossas campanhas nós não estamos bem na posição de reivindicar porque o que fazemos é mais não deixar ir embora o que já existe; nesse sentido nós estamos mais demandando o reconhecimento e a manutenção desses espaços do que reivindicando eles. Existe um valor político no espetáculo de resistência e valor no que a gente conquistou sendo teimosos. Nós estamos tentando resistir à retórica capitalista que existe até mesmo dentro da comunidade LGBTQ+. Com o Black Cap houve tentativas repetidas para adaptar os andares de cima para uso

Reivindicar nossos espaços: Ativistas LGBTQ+ no Black Cap, um bar gay em Londres ameaçado por uma transformação em habitações luxuosas.

residencial. Mesmo que o distrito não tenha autorizado a obra em 2015, e mesmo com o lugar indo bem, quem concedia o uso do pub fechou o espaço. Nós trabalhamos nos colocando contra essa autorização e para ter o edifício reconhecido como Asset of Community Value [Ativo de Valor Comunitário]. Em 2014, o Royal Vauxhall Tavern foi vendido para empreendedores imobiliários e o proprietário não abriu as intenções do projeto ou se engajou com a comunidade. Mesmo que o lugar não tenha fechado, nós decidimos organizar e nos mobilizar de forma preventiva e tivemos sucesso no processo para que o edifício fosse listado como patrimônio.

Ao falar dos nossos espaços, é importante perguntar quem somos *nós* e o que é *nosso*. Existe uma retórica de assimilação em torno de pessoas LGBT dentro da cultura dominante que sugere que tudo está bem agora que podemos casar, entrar para o exército, etc. Isso negligencia formas importantes nas quais as vidas e histórias queer são distintas da experiência convencional, e pode ser desastroso se a sensibilidade e política queer desaparecerem. É necessário ter espaços que respondam a políticas diferentes. Existe um poder político e social em estar com pessoas em um espaço de uma maneira afetiva e corporificada, especialmente em um momento em que somos incentivados a nos alienar um dos outros e de nós mesmos. Estar em lugares com pessoas que você tem algo em comum é bom para sua saúde mental e para sua capacidade de resistência.

É também essencial reconhecer as exclusões implícitas em *nós* e em *nossos*. Os chamados espaços queer de Londres têm frequentemente sido inacessíveis ou não receptivos a mulheres, pessoas negras, pessoas com deficiência, pessoas trans, mais velhas, pessoas que não querem estar cercadas por drogas e álcool, pessoas que não olham de determinada maneira. Essas exclusões são injustas e precisam ser reconhecidas e enfrentadas ao invés de ignoradas e reproduzidas.

Reivindicar é algo que pode remeter ao passado e espaços noturnos não deveriam ser os únicos lugares para comunidades LGBTQ+. As histórias desses espaços não deveriam ser negligenciadas ou apagadas, mas existe necessidade de se pensar o futuro e que outros tipos de espaço podem ser criados que sejam mais inclusivos e respondam às diferentes necessidades dentro da comunidade. Nós estamos afirmando a importância de criar novos espaços e ter o direito de abrir espaço nas novas estruturas cívicas que estão emergindo.

Bem comum

Isso pode se relacionar com o que Black Cap significa para Camden, como um espaço icônico na High Street mesmo para pessoas que não são LGBTQ+, ou o que o Royal Vauxhall Tarven significa para Vauxhall por ser um lugar de referência. Espaços queer podem ser um modelo de como todos os espaços deveriam ser: não organizados em função do comércio, competição e mercadorias quantificáveis. Performances e experiências que são emocionantes, atrativas e recompensadoras só podem existir em lugares que não estejam preocupados em maximizar os lucros.

O bem comum tem a ver com resistir às transações. O neoliberalismo está incentivando relações transacionais entre pessoas em boa parte das interações humanas e tudo é tratado como competição, criando ganhadores e perdedores. Isso é prejudicial, doloroso, limitador. Então este não é um modelo de lugares para o bem comum. Particularmente em Londres há uma visão sobre espaços urbanos como uma forma de capital, como mercadorias. Este foi o caso com o incêndio de Grenfell[6], por exemplo, onde disseram às pessoas, mesmo com suas casas incendiadas, "azar se você não pode bancar viver aqui". A lógica é que se a relação não gera lucro não tem valor. O consenso do pós-guerra de bem comum, mesmo que imperfeito, não existe mais. Valores como respeito, não ser racista, direitos humanos, não são mais invioláveis para algumas pessoas.

Bem Comum: "Espaços queer podem ser um modelo de como todos os espaços deveriam ser: não organizados em função do comércio, competição e mercadorias quantificáveis." O Posh Club, evento social e de entretenimento semanal para pessoas mais velhas, dirigido pelo coletivo de performance queer Duckie.

Diversão

No momento muitas coisas estão quebradas na nossa sociedade e alguns aspectos disso são alarmantes e aterrorizantes. É mais fácil olhar para as tendências negativas e ter uma visão distópica. Mas mudança também abre rachaduras e fissuras, oportunidades para começar coisas novas e diferentes. Um bom modo de trabalhar em direção a elas é através da diversão. Isso pode ser uma experiência para imaginar regras diferentes e colocá-las em operação. Diversão é uma maneira de se fortalecer para mudar as coisas e tentar novas formas de fazer a pequenos passos. É importante ter espaços onde é possível ter diversão queer, brincar com as idéias, sentimentos e relações. Diversão é uma arma secreta poderosa porque é banalizada e patrocinada pela perspectiva liberal. Você pode conseguir muito se for enquadrado como diversão porque é visto como de pouca importância. Diversão pode servir a uma função de alívio, mas também para articular formas de resistência e imaginar utopias.

Diversão: "Diversão é uma maneira de se fortalecer para mudar as coisas e tentar novas formas de fazer a pequenos passos." Intérprete Timberlina na Royal Vauxhall Tavern.

Em nossa campanha pelo Black Cap nós temos feito uma vigília na Camdem High Street todo sábado nos últimos dois anos. Isso envolve algum espetáculo, performance, pessoas conversando, cantando, rindo. Nós não estamos bravos, não estamos desengajados. Celebrar o Black Cap como um lugar de diversão dá permissão para as pessoas se engajarem à sua maneira, contar suas histórias naquele lugar. Se nós estivéssemos berrando agressivamente na rua por dois anos a campanha estaria ficando velha. O poder do protesto está condicionado a resistir às estruturas existentes. Há algo de subversivo e um pouco utópico em fazer isso do nosso jeito.

Muitas pessoas não têm muito divertimento então é importante fazer elas perceberem que diversão é possível e acessível. Nós precisamos achar coisas para olhar para frente assim como lutar contra. Diversão é uma tecnologia para tentar coisas que irão te levar para direções diferentes.

Notes

1 Lésbicas, Gays, Bissexuais, Trans, Queer e outros.
2 Em português o termo queer em inglês também é traduzido de outras formas como kuir ou cuir.
3 Um pub/ clube noturno no distrito de Camden, no Norte de Londres.
4 Um pub/ clube noturno no distrito de Lambeth, no Sul de Londres.
5 Em 2016, Sadiq Khan, o prefeito de Londres, criou o novo posto de 'Night Czar' para Londres, um papel destinado a proteger a economia da vida noturna e a cultura da cidade. Amy Lamé, anfitriã da vida noturna LGBTQ +, intérprete e produtora e autora é a primeira Night Czar.
6 Incêndio que ocorreu em junho de 2017 em um edifício de conjunto habitacional na região Noroeste de Londres, onde aproximadamente 80 pessoas morreram. O número alto de vítimas foi associado ao material inflamável utilizado para melhorar a aparência do edifício que passa por um processo regeneração, e à falta de medidas de segurança do edifício.

Ciganos e Viajantes de Londres (LGT)

Clemmie James

London Gypsies and Travellers [Ciganos e Viajantes de Londres] é uma organização que trabalha por mudança em parceria com ciganos e viajantes, desafiando a exclusão social e discriminação na vida pública, nas políticas e legislação nos níveis local, municipal e nacional.

Clemmie James é diretora de campanhas e de desenvolvimento comunitário na LGT. Ao longo dos últimos anos, ela tem dado apoio aos grupos residentes em sítios de caravanas para identificar questões que os afetam e articular com autoridades locais para resolvê-las, como por exemplo a dos impactos de relocações de sítio em Newham e Tower Hamlets devido ao desenvolvimento do Parque Olímpico e da Crossrail[1].

Clemmie também tem apoiado membros da comunidade de ciganos e viajantes que são autônomos ou que estão buscando começar seu próprio negócio. Por exemplo, ela trabalhou com homens no comércio de sucatas de metal para entender os impactos negativos do 2013 Scrap Metal Dealers Act[2] [Ato dos Revendedores de Sucata de Metal de 2013] e pedir ao governo que faça uma revisão antecipada. Clemmie também tem desenvolvido um programa de formação para mulheres jovens a procura de trabalhos autônomos que sejam compatíveis a responsabilidades como a maternidade, como por exemplo nas áreas de floricultura, beleza e comida. Um aspecto importante do seu trabalho com indivíduos tem sido dar atenção aos problemas de abuso doméstico que sustentam muitas das barreiras que dificultam que a comunidade se envolva em iniciativas relacionadas à formação, adaptação e ativismo.

Reivindicar nossos espaços: Um acampamento de ciganos a leste de Londres ameaçado de expulsão pela nova linha de trem 'Crossrail' (na foto é possível enxergar o espaço de ventilação da 'Crossrail').

Reivindicar nossos espaços

Por causa da legislação e políticas que forçaram a maioria dos ciganos e viajantes a assentar, ao longo da última década a caravana tem se tornado mero símbolo de identidade étnica, uma vez que elas raramente se movimentam e perderam seu propósito prático para muitos membros da comunidade. Para aqueles que vivem em sítios de caravanas e em acampamentos, não é propriamente a caravana que é mais importante, mas o espaço entre as caravanas, a soleira da porta e os espaços sociais que emergem entre as casas. É onde a comunidade acontece, onde crianças brincam, onde pessoas conversam. Essa também é a razão pela qual feiras ainda são importantes para ciganos e viajantes, como espaços de encontro, onde trocas acontecem, onde a cultura ainda pode ser performada. Esse espaço se reduz imediatamente quando pessoas são forçadas a viver em casas e apartamentos. O dilema da identidade étnica é ampliado para ciganos e viajantes que moram em casas e apartamentos, que são mais de 80% da comunidade em Londres. Para alguns, a luta não está necessariamente relacionada ao tipo de moradia que eles vivem, mas em lidar com o isolamento e a perda da família e do apoio comunitário. Para outros, no entanto, a perda de identidade associada à caravana teve um custo alto à saúde e bem-estar e a luta para ter sua necessidade de moradia em sítio reconhecida como legítima tem sido ainda mais difícil.

Se houvesse a opção entre lutar para poder viajar novamente ou lutar por mais sítios de caravana, talvez a maioria dos ciganos e viajantes ativistas iriam preferir a primeira. Fazer campanha por mais sítios é só um resíduo do que a comunidade ainda pode lutar. Na medida que autoridades locais recebem a demanda para identificar terras para mais sítios de caravanas, parece ser esse o único vínculo para ciganos e viajantes manterem sua identidade e reivindicar um espaço visível na cidade. Existem alguns exemplos muito bons de sítios que estão integrados em seus bairros e se adequam bem em meio às casas de estilo vitoriano, aos conjuntos habitacionais mais altos, às creches, parques, comunidades de barqueiros. Outros sítios foram construídos em áreas muito poluídas, próximas a rodovias, linhas de trem, ou são guetificados, cercados por muros altos e arame farpado. No entanto, eu acredito que essa linha de campanha ainda é importante porque nós pedimos a sociedade que haja flexibilidade para permitir que diferentes culturas vivam da maneira que lhe couberem e que haja espaço físico assim como espaço político que possibilite isso acontecer.

Bem Comum

Trabalhando com uma comunidade que tem enfrentado preconceito e exclusão sistematicamente e que sempre se encontra à margem da sociedade, nós não elaboramos explicitamente a noção do bem comum nas nossas campanhas e atividades mais recentes. Eu acredito que ciganos e viajantes tem mais valores em comum com a sociedade mais ampla do que já foi reconhecido. A família é central para a cultura, e isso se manifesta na alegria e celebração de trazer uma criança ao mundo e apoiá-la por toda a vida. Encontros religiosos e da comunidade, como batizados, festas de noivado, casamentos e funerais são eventos importantes que marcam fases importantes na vida de ciganos e viajantes. Tentando entender atitudes da comunidade em relação à educação e como isso se assemelha ou conflita com o que o restante da sociedade valoriza, nós produzimos um curta chamado *What does it mean to do well* [o que significa ir bem]. Através de entrevistas com membros da comunidade de todas as gerações, a mensagem mais forte entre eles foi relacionada a estar perto da família, tomando conta das crianças e assegurando que elas tenham as melhores chances para educação e desenvolvimento, todos esses princípios compartilhados com a sociedade dominante.

Bem Comum: "Eu acredito que ciganos e viajantes tem mais valores em comum com a sociedade mais ampla do que já foi reconhecido." A Igreja é um importante local de comunidade para muitos ciganos e viajantes.

Apesar disso, muito da percepção pública sobre ciganos e viajantes enfatiza a diferença, reiterando o sentimento de desconfiança e isolamento. Por exemplo, políticas de habitação e planejamento regularmente excluem a provisão de sítios de caravanas porque elas irão responder à necessidade de uma minoria, comparado a pressão da crise geral por moradia. Pressionar para o desenvolvimento lucrativo de altas densidades é uma interpretação do bem comum que discrimina aqueles com necessidades e culturas diferentes da dominante. Mais ainda, políticos têm alegado repetidamente que ciganos e viajantes tiram vantagem do sistema de planejamento por causa da sua etnia e mudaram o modo como a comunidade é definida em propósitos de planejamento para excluir todos aqueles que estão em assentamento permanente. O fato de serem oprimidos e impossibilitados de viver sua cultura, semelhante a outras comunidades nômades ao redor do mundo que têm sido forçadas a se fixarem, têm impedido ciganos e viajantes de prosperarem e serem vistos como "integrados" na sociedade dominante.

Eu acho que é difícil usar o conceito de bem comum trabalhando com diversas culturas e necessidades, uma vez que isso requer reconhecimento que essas comunidades não partem de um ponto igual e que as instituições, políticas e opinião pública têm que considerar essas desvantagens e construir mensagens a partir de solidariedade no lugar de divisão.

Identidade: "Nós estamos pedindo às pessoas para que não sejam nada além delas mesmas e não se deixarem ser categorizadas e julgadas apenas a partir da sua identidade étnica." Marian Mahoney, membro do conselho administrativo da organização London Gypsies and Travellers [Ciganos e Viajantes de Londres] ativista e viajante irlandesa do sítio de Old Willow em Tower Hamlets.

Identidade

Historicamente ciganos e viajantes trabalhavam enquanto eles viajavam e "puxar a caravana" sazonalmente estava associado a ganhar a vida. Homens jovens deixariam a escola cedo para ir trabalhar com seus pais, mas nos anos 1980 e 1990 se tornou cada vez mais difícil continuar se mudando com grupos de família grandes. O 1994 Criminal Justice Act [Ato Justiça Criminal de 1994] tirou a obrigatoriedade das autoridades locais de identificarem espaços para sítios de caravanas autorizadas e aumentou o poder para despejos. Hoje em dia, deixar a escola cedo é ainda comum, mas as oportunidades para viajar e trabalhar quase desapareceram e o desemprego é muito alto. A geração mais jovem está enfrentando as repercussões traumáticas da identidade cigana e viajante causadas pela legislação e aplicação das leis introduzidas há alguns anos. Crianças crescendo em sítios de caravanas hoje provavelmente não irão continuar vivendo da maneira tradicional e há um sentimento compartilhado entre muitos pais de que elas não iriam saber o que fazer caso fossem capazes de viajar de novo, que a resiliência e independência, centrais para a cultura deles, estavam sendo perdidas com o assentamento.

Muitos ciganos e viajantes assumindo o papel de ativistas comunitários se sentem pressionados a falar com uma só voz e lutar por uma causa única que é moldada por essa identidade étnica conflituosa. Eu recentemente trabalhei com quatro ciganas romanas inspiradoras que são reconhecidas no mundo das organizações da sociedade civil, explorando as implicações de se focar em apenas um aspecto da identidade. Enquanto essas ativistas atuam em múltiplos papéis, como mães, trabalhadoras, autoras, acadêmicas, elas sempre são reconhecidas e valorizadas publicamente apenas como representantes da comunidade. Para a maioria de ciganos e viajantes o estigma associado com essa identidade pode ser incapacitante, os levando a esconder quem são, uma vez que o preconceito profundamente enraizado fez as pessoas extremamente inseguras e tímidas fora dos espaços seguros das suas redes sociais. Esses tipos de conversa são muito importantes mas difíceis de justificar em um contexto onde organizações sem fins lucrativos são requeridas a entregar resultados brutos, mensuráveis, para manter seu financiamento. Isso coloca questões sobre a habilidade de organização e desenvolvimento comunitário para responder a realidade de lutas e desafios envolvendo ciganos e viajantes em reformular não só os estereótipos, mas também os valores, emoções e discursos embutidos em sua cultura.

Nosso foco atual está na campanha desenvolvida junto aos membros da comunidade que procura tratar o preconceito persistente em relação a ciganos e viajantes. A campanha, nomeada de *We are all so many things* [Nós somos todos tantas coisas] retrata cinco ciganos e viajantes que estão ativamente engajados na LGT mas também em suas comunidades e bairros, que performam múltiplos papéis e identidades nas suas vidas cotidianas. Com esse trabalho nós estamos pedindo às pessoas para que não sejam nada além delas mesmas e não se deixarem ser categorizadas e julgadas apenas a partir da sua identidade étnica.

Notes

1 O Parque Olímpico é uma área de desenvolvimento urbano localizada no lugar onde ocorreram as Olimpíadas de Londres em 2012 e Crossrail é um megaprojeto de infraestrutura de transporte em andamento.
2 Nova legislação do Reino Unido que regula o comércio de sucata de metal com a intenção de evitar roubo de metal, mas que coloca obrigações administrativas excessivas para os comerciantes de metal.

Rede Direito dos Migrantes

Sofia Roupakia

Sofia Roupakia

Em 2012, a ministra do Home Office[1] Teresa May, prometeu criar um ambiente bastante hostil para imigrantes em situação irregular no Reino Unido. Desde então, foram introduzidas uma série de medidas políticas que impedem imigrantes em situação irregular de acessar serviços básicos. Qualquer um encontrado sem seus documentos sofre penalidades severas, e a aplicação da lei de imigração depende fortemente da cooperação ou coerção da sociedade.

A Migrant's Rights Network [Rede de Direito dos Migrantes] é uma organização não governamental do Reino Unido, estabelecida em 2006, que tem como objetivo fortalecer a voz de imigrantes no debate público e assegurar reconhecimento da imigração como um elemento chave no desenvolvimento e progresso econômico, na criação de sociedades diversas e com riqueza cultural, e na promoção de direitos humanos, políticos, sociais, econômicos e de igualdade de gênero.

Sofia Roupakia é ex-gerente de projetos de Londres da rede[2]. Ela trabalhou em um projeto que teve duração de três anos monitorando o impacto da legislação hostil de imigração (ex: Atos de Imigração de 2014 e 2016) em comunidades de imigrantes em Londres. Sofia tem uma longa experiência em desenvolvimento de comunidades, trabalhando com grupos marginalizados ou vulnerabilizados em Londres para ajudar essas pessoas a entender o sistema britânico e melhorar suas circunstâncias de vida. Tendo nacionalidade grega, ela se chocou com a situação dos refugiados e o modo como a maioria dos países da União Europeia se absolveu de suas responsabilidades sobre direitos humanos, particularmente os países do norte europeu que tem muito a responder pelo grave problema na África e no Oriente Médio e colonização. Ela queria se engajar com esse trabalho e tentar fazer alguma diferença positiva ajudando os imigrantes a afirmarem seus direitos.

Reivindicar nossos espaços

Para imigrantes, o acesso aos espaços e serviços tem sido negado por lei. Isso vai além do fato de que o desenvolvimento neoliberal nos tira o espaço público. Não é só o dinheiro que tira o acesso de imigrantes a bens e serviços públicos. O que as pessoas tentam resolver são os problemas pessoais, o fato de que você pode ficar sem teto muito em breve, estando desempregado, sofrendo abuso do seu empregador, sofrendo violência doméstica e várias outras questões cotidianas. Quando você fala sobre direito aos espaços e direito à cidade, é uma ideia muito estranha para pessoas que são imigrantes em situação de vulnerabilidade. Para ser capaz de reivindicar espaços você precisa ter algumas raízes e para imigrantes é particularmente difícil chegar a esse ponto. Mas existem alguns exemplos de reivindicação de direitos e espaço, como por exemplo os direitos dos trabalhadores, os motoristas de Uber que levaram seu empregador à justiça.[3]

Reivindicar nossos espaços: Você ainda precisa levar o caso ao poder público para ter reconhecimento dos grupos comunitários e como eles contribuem na constituição da cidade. O carnaval de Notting Hill é uma celebração trazida para Londres pelos imigrantes do Caribe.

No nível regional, na prefeitura, no processo de engajamento comunitário nós tivemos que construir alianças com a sociedade civil mais ampliada e colocar muita pressão para sermos incluídos nesse processo. Ainda bem que existe um novo prefeito, ele mesmo filho de imigrantes, que parece ser mais receptivo às pessoas negras e minorias étnicas, um pouco mais aberto. Mas mesmo nesse ambiente você ainda precisa levar o caso ao poder público para ter reconhecimento dos grupos comunitários e como eles contribuem na constituição da cidade. O que temos mais pedido é mais acesso para comunidades de imigrantes nessas esferas, por exemplo o Police and Crime Plan for London [Plano de Polícia e Crime para Londres] e a Health Inequalities Strategy [Estratégia para Desigualdades na Saúde] que têm um grande impacto em comunidades marginalizadas em Londres.

Sobre as reponsabilidades do estado por direitos humanos nós estamos agora num momento de turbulência. Isso pode dar em diferentes direções, dependendo da capacidade das comunidades de imigrantes se mobilizarem e quão unidas as pessoas estarão. A diversidade de Londres traz enorme força para as comunidades por conta das diferentes visões, idéias e entendimentos sobre o que é ser parte da sociedade, mas se não houver apoio adequado para ajudar a formular um plano de ação, essa diversidade frequentemente se torna um entrave. Se você cai ou não do lado errado da lei depende muito do seu entendimento sobre quais são as regras, mas muitas pessoas não podem se dar ao luxo de se engajar e compreender essas normas e estruturas.

O Bem Comum: "Quando as estruturas municipais trazem painéis de 'especialistas' para debater e decidir as políticas públicas, nós tentamos fazer com que reconheçam a legitimidade e valor que as vozes que vêm da comunidade podem trazer para a mesa." Foto: Um evento de planejamento conduzido pela comunidade na cripta de uma igreja no sul de Londres.

Bem Comum

Essa é uma ideia um tanto problemática porque no Reino Unido a versão que temos é aquela estabelecida pelas elites políticas, que não necessariamente representam a maioria, como nós vimos na recente eleição nacional. Então o que é bem comum e quem decide isso? Para imigrantes, se eles não têm o status correto, eles também são excluídos de definir o bem comum. Para mim o bem comum é tanto um resultado positivo para a sociedade como um todo, mesmo tendo caráter monetário ou de outro tipo, quanto o processo de ação coletiva e a habilidade das pessoas em participar da esfera pública e política. Como imigrante, mesmo que você traga uma contribuição positiva para o sistema você ainda não tem direito de definir o que é o bem comum e por isso é um termo tão carregado e contestado. Eu acho que o importante é que sociedades são fluidas e enquanto nós conversamos, a mudança está acontecendo. No Reino Unido, o final dos anos 1990 e começo dos 2000 pareceram ser o melhor período em relação a definição de identidades e o bem comum. Houve muita atenção e investimento em desenvolvimento comunitário, por parte do partido trabalhista, para ajudar diversas comunidades a se estabelecerem e se tornarem uma força real para coesão social.

Atualmente, no nível comunitário, organizações de apoio aos refugiados e imigrantes que estão na linha de frente operam com financiamentos cada vez menores e capacidades de luta reduzidas para ter que atender uma demanda cada vez maior de apoio por conta de questões como: o redirecionamento do fundo público, a falta de acesso ao sistema de saúde, pessoas em situação de rua, deportações com vôos fretados que agrupam setores específicos de comunidades de imigrantes de maneira muito violenta. Então idéias como o bem comum ou reivindicar espaços não estão em vista. Solidariedade é importante e é algo que estamos tentando fazer. Em colaboração com o Just Space nós estamos tentando reunir comunidades de imigrantes junto com outros grupos da sociedade civil e redes para definir o debate na prefeitura.

Nós estamos tentando fazer com que a prefeitura entenda a diversidade e os benefícios de considerar e sustentar isso. Pequenos negócios mantêm comunidades locais, mas no momento eles não conseguem reconhecimento suficiente. Nós temos olhado os impactos da aplicação da lei de imigração nos comércios pelos últimos 3 anos e mais de 90% daqueles penalizados são pequenas e médias empresas que pertencem a pessoas negras ou de minorias étnicas, mas elas não são as únicas empregando imigrantes. Grandes negócios que operam na economia de baixa renda fazem a mesma coisa mas não recebem o mesmo tratamento. Então você pode imaginar o que significa para um pequeno restaurante ou um salão de beleza que emprega pessoas locais ter que pagar uma multa alta. Quando a municipalidade traz especialistas para debater e decidir sobre políticas públicas, nós tentamos fazer com que esses reconheçam o valor que as vozes da comunidade trariam para a mesa. Nós acreditamos fortemente que se o poder público levasse para a discussão os interesses da comunidade, e não só dos grandes negócios, teríamos políticas que seriam mais justas do que as oferecidas no momento, e que poderiam ser capazes de alcançar um desenvolvimento sustentável.

Abordagem baseada em direitos para imigração

A abordagem baseada em direitos para imigração é o princípio chave que guia a Migrant's Rights Network e foca nos grupos mais marginalizados na sociedade. A abordagem defende e apoia os direitos dos imigrantes no país que os recebe para que eles consigam ter acesso à moradia, emprego, educação, e todas as coisas básicas que fazem uma pessoa prosperar. Nós observamos como os controles legais e estruturais do estado violam os direitos humanos básicos que todos temos. Se você não tem o direito de viver no Reino unido, você é negado de ter acesso ao sistema de saúde, à educação, à moradia ou ao banco como resultado das verificações que educadores, profissionais da saúde e o setor privado como bancários e proprietários de imóveis têm que fazer. Essa legislação torna a sociedade toda agente de imigração do estado e imigrantes vulneráveis são explorados, discriminados e marginalizados ainda mais.

Imigração sob a perspectiva de direitos: A atual retórica anti-imigração traz uma linguagem hostil e belicosa para a vida e casa das pessoas.

Coordenando o grupo All Party Parliment Group on Immigration [Grupo Parlamentar de Todos os Partidos Sobre Imigração], nós construímos alianças atravessando diversos espectros políticos para facilitar o debate e contestar legislações específicas que têm impacto na sociedade receptora e os imigrantes, a fim de que uma mudança positiva possa acontecer. Essa legislação e política, ao invés de ser uma escolha racional para criar um sistema de imigração justo, tem se baseado nos últimos 10 anos numa retórica anti-imigração que apresenta imigrantes como indesejáveis, o que trouxe à tona o preconceito e xenofobia enraizados e que, portanto, irão ter um impacto negativo na sociedade como um todo. Ao barrar direitos aos imigrantes, elas empurram essa população para situações de vulnerabilidade, empregos precários, destituição e mais exploração.

Existem tantos tipos de imigrantes e tanta diversidade no modo como eles caem na rede e no lado errado da lei por conta das medidas serem muito arbitrárias e não terem nenhuma lógica. No Reino Unido, criar um ambiente hostil à imigração é um objetivo das políticas públicas e isso é feito criando uma linguagem similar a de guerra no âmbito da imigração. O advogado Colin Yeo[4] aponta como a linguagem relacionada à força militar, como por exemplo nos guias de jornalistas indo para zonas de guerra, tem gradativamente passado para as políticas públicas depois dos ataques do 11 de Setembro, particularmente para enfrentar o crime organizado mas também em políticas ligadas à imigração. O ambiente hostil de imigração e a polarização dos debates contra e a favor da imigração fizeram me afastar. Eu senti que eu não poderia continuar fazendo parte desse campo uma vez que eu acredito que para enfrentar algo tão contestado, pessoas de todos os lados têm que escutar umas às outras e tentar achar um meio termo.

Notes

1 O Home Office é o principal departamento governamental de imigração e passaportes, política de drogas, crime, fogo, contra-terrorismo e policia.
2 Sofia deixou a MRN e voltou para a Grécia poucos meses depois da nossa entrevista
3 Em 2016, uma série de motoristas que trabalham para a Uber ganhou um processo judicial que impugnava a incapacidade da empresa de respeitar os direitos básicos dos trabalhadores, tais como o salário mínimo, o pagamento por doença e o feriado pago.
4 Colin Yeo, "The hostile environment: what is it and who does it affect?" Maio 2017, Free Movement: https://www.freemovement.org.uk/hostile-environment-affect/

Iniciativa Ubele

Yvonne Field

Yvonne Field

Ubele é uma palavra em suaíli que significa "o futuro" ou "o caminho adiante". A Ubele Initiative foi instituída legalmente como uma organização em maio de 2014, buscando apoiar e desenvolver um modelo sustentável de liderança para comunidades da diáspora africana em Londres e no Reino Unido. A iniciativa surgiu do diálogo entre comunidades negras e um projeto de pesquisa sobre a perda de espaços comunitários e a insegurança em relação a esses ativos, cujas concessões de uso cedidas na década de 1980 por um período de 25 anos estão acabando. Esse diálogo resultou em um relatório intitulado A Place to

Call Home [Um Lugar para Chamar de Casa] e um mapa online com gravações de áudio contendo histórias e depoimentos relacionados à questão. O relatório apontou que as lideranças dos espaços comunitários estavam envelhecendo sem um plano de sucessão, e que mesmo os espaços com concessões mais seguras estavam lutando para desenvolver planos sustentáveis.

Desde sempre, a Ubele Initiative se entende como uma organização internacional que tem como missão principal a criação de comunidades sustentáveis. Outros objetivos ficam em torno de facilitar o aprendizado, desenvolver estratégias de parcerias e conectar a diáspora. A organização está desenvolvendo um modelo chamado "raios e roda", no qual a Ubele está ao centro ligada a uma rede de outras organizações, oferecendo treinamento, conectando iniciativas entre si e outros projetos, e criando oportunidades internacionais.

Yvonne Field é fundadora e CEO da Ubele Initiative. Ela nasceu em Londres e tem ascendência jamaicana. Seus pais vieram para a Grã-Bretanha depois da Segunda Guerra Mundial e ela faz parte da primeira geração britânica negra. Desde cedo foi introduzida ao ativismo e outras ações de resistência e aprendeu que é possível influenciar o sistema. Yvonne sempre esteve envolvida com as comunidades, trabalhando em educação comunitária, desenvolvimento de jovens mulheres, e através de consultoria sobre questões sociais. Enquanto tenta pressionar o sistema para mudança, seu papel em todos os trabalhos foi atuar como intermediadora, uma pessoa tentando dar espaço e voz para pessoas que não são ouvidas como mulheres, jovens, comunidades negras, comunidades de refugiados e imigrantes. Ela também tem estado ativamente envolvida em campanhas no seu território, como a de impedir que o centro comunitário de Chestnut seja fechado e para que comerciantes negros locais sejam incluídos no Tottenham Green Market[1].

Reivindicar nossos espaços

Como mensagem, reivindicar nossos espaços é sobre resistir ao desenvolvimento e à desapropriação de terras em Londres, porque as pessoas estão sendo removidas como resultado. Para mim, isso é dizer que nós estávamos aqui primeiro, "nós" sendo a diversidade de comunidades de Londres. Infelizmente, para mim, o incêndio em Grenfell[2] é uma metáfora simbólica de como as pessoas em Londres têm sido tratadas com desdém, o que tem sido feito para elas, mais do que isso, de como elas nem ao menos têm sido ouvidas. Nós somos como uma classe mais

Reivindicar nossos espaços: Para mim, reivindicar nossos espaços é sobre empoderamento das comunidades, assim como é sobre os espaços físicos dos quais estas comunidades têm sido retiradas. É sobre voz coletiva.

baixa nessa conversa sobre o futuro de Londres. Para mim, reivindicar nossos espaços é sobre empoderamento das comunidades, assim como é sobre os espaços físicos dos quais essas comunidades têm sido retiradas. É sobre voz coletiva. Nós estamos afirmando liderança e o nosso direito de posse e resistindo à vulnerabilidade que muitos grupos comunitários vêm encarando. Como coletivo, é sobre ser capaz de nos fortalecer a partir do fato de que você não está sozinho nisso; existe uma experiência comum e nós podemos apoiar uns aos outros e dividir recursos. Na prática, fazer campanha é um trabalho duro e a maioria das comunidades afetadas não estão em posição de ter uma equipe remunerada e capacitada, uma vez que as pessoas frequentemente têm que trabalhar em três empregos para arcar com as despesas.

Reivindicar nossos espaços é também o nome de uma aliança entre grupos comunitários e ativistas lutando contra a remoção de comunidades pobres e pela proteção de espaços comunitários. Em colaboração com Just Space nós realizamos um evento em Conway Hall em 2016 para aproximar pessoas e dividir histórias comuns. Nós tivemos algumas reuniões desde então e depois desenvolvemos um manifesto. A iniciativa sente que está próxima de realizar algo muito útil, especificamente um mapeamento de grupos comunitários e campanhas em Londres que permitem que as pessoas enxerguem o que está acontecendo. Nós também falamos sobre tentar dividir recursos comuns, como advogados e planejadores, porque toda campanha é uma batalha que sempre começa do zero. Nós também estaremos nos reunindo com a vice-prefeita de Londres muito em breve.

O Bem Comum: "Na Ubele focamos desenvolver a próxima geração de líderes, jovens entre 18-30 que têm valores nítidos que vêm daquele lugar do bem comum". Foto: Participantes em um programa intergeracional de orientação para liderança conduzido pela Ubele Initiative.

Bem comum

Essa é uma frase interessante porque ela depende do que é visto como "o comum" e o que é visto como "o bem". Existe também uma questão em relação às mensagens ou movimentos sendo apropriados para outras causas, como por exemplo Black Lives Matter[3] sendo associado à campanha para fechar um aeroporto em Londres. Porque existem tantas diferenças na sociedade, tanta diversidade e conflito, para mim bem comum é mais sobre encontrar um chão comum nas diferentes áreas de ativismo como educação ou direitos dos refugiados e imigrantes. É o que eu gosto no Just Space, que tem várias prioridades diferentes e que cria espaço para pessoas com interesses diversos e que provavelmente não se engajariam umas com as outras a se juntarem.

Nosso foco na Ubele é desenvolver a próxima geração de liderança, jovens entre 18 e 30 anos que têm valores muito claros e que estão relacionados ao bem comum. Um dos nossos projetos, Mali Enterprising Leaders, é um programa piloto intergeracional que envolve três organizações em Londres e duas em Manchester, com o objetivo de dar apoio a jovens lideranças e lideranças mais velhas para fazer com que suas organizações sejam sustentáveis em termos de governança, financiamento e capacitação. Eu acredito que é um processo um tanto longo e complexo porque elas têm que olhar as necessidades de suas comunidades e também abraçar mudanças. Medidas de austeridade dos últimos oito anos têm dizimado nossos serviços públicos e comunitários, e comunidades mais pobres têm sofrido como resultado.

Eu notei que alguns líderes mais velhos podem não estar abertos a novas ideias e também notamos que as mulheres têm sido as líderes reais, mas não reconhecidas. Essa agora tem que ser uma área prioritária, em particular em relação a liderança de mulheres jovens. Então nós estamos focando em jovens mulheres, mas também fazendo algumas entrevistas com as líderes mais velhas que têm estado à frente de suas comunidades, para que possam dividir experiências e aprender umas com as outras. Da minha experiência, mulheres são muito mais abertas a serem colaborativas no trabalho, mais flexíveis e dão mais apoio umas às outras.

O bem comum não é um conceito que usamos, mas é interessante pensar que outros valores podem ressoar com isso no nosso trabalho, como igualdade, empoderamento, voz e acesso. Eu diria que tem mais a ver com chão comum, e alcançando isso você ainda precisa acomodar aqueles que precisam do seu próprio espaço.

Ubuntu

O conceito que escolho para discutir é ubuntu[4] e eu trouxe comigo algo que materializa esse conceito, um vaso zulu da África do Sul que é geralmente produzido por mulheres. Eu comecei um trabalho que explora como ubuntu pode ser entrelaçado ao conceito de liderança. Ubuntu é um conceito relacional, que se refere à ideia de que "eu sou porque você é". Ele fala sobre a importância das relações; nós dizemos

Ubuntu: Um pote Zulu da África do Sul, criado por mulheres.

que precisamos de uma vila toda para criar uma criança. Com o modelo "raios e roda", não é só nós que damos assistência a outras organizações, mas elas nos assistem também. Os princípios que direcionam esse modelo são o de pessoas e as relações que estabelecem com as coisas, o de tomada de decisão mais participativa mesmo que leve mais tempo e o de reconciliação como um caminho para resolver conflitos. É interessante olhar para as dinâmicas de poder e a tensão que surge entre a necessidade de fazer algo e o processo sendo emergente e orgânico. O que vejo quando vou para África do Sul no que se refere aos princípios ubuntu naquele lugar realmente desafia alguns estereótipos a respeito de práticas familiares, vida familiar e papéis de gênero.

Porque esse conceito é unicamente da África, nós queremos ver se ele é algo que podemos adotar e adaptar, algo que incorpora a essência de quem somos no mundo, para isso nós estamos olhando para os atributos e os modos de trabalho que ubuntu poderia sustentar. Muitos dos modelos que organizações adotam atualmente vêm da América do Norte e de dentro da academia. Na realidade, nós temos muito conhecimento sobre comunidades e o que elas precisam, mas frequentemente esse conhecimento está nas universidades e a relação entre academia e comunidade é muito fraca.

Nós usamos métodos criativos no nosso trabalho, uma vez que isso possibilita uma diversidade de meios para expressar ou articular idéias. Por exemplo, nós frequentemente chamamos nossos ancestrais usando percussão para abrir nossas sessões. Quando desenhamos as oficinas do relatório A Place to Call Home nós usamos iPads para coletar pensamentos e ideias. Eles foram projetados na tela como nuvens de palavras; isso foi uma abordagem participativa, trabalhando coletivamente. Esses tipos de abordagem podem ser mais inclusivas e proporcionar outras lentes para olhar o que estamos fazendo. Eu acho que isso está possibilitando que comunidades afirmem seu poder, que validem o que estão fazendo de maneira que tenha significado para elas; que coproduzam conhecimento que desafie a relação com acadêmicos, que frequentemente são apresentados como especialistas.

Notes

1 Tottenham Green Market é uma feira de rua semanal que tem apoio da prefeitura regional de Harringey, distrito regional de Londres.
2 Incêndio que ocorreu em junho de 2017 em um edifício de conjunto habitacional na região Noroeste de Londres, onde aproximadamente 80 pessoas morreram. O número alto de vítimas foi associado ao material inflamável utilizado para melhorar a aparência do edifício que passa por um processo regeneração, e à falta de medidas de segurança do edifício.
3 Movimento ativista internacional, originário da comunidade afro-americana, que combate a violência e o racismo sistêmico em relação a negras e negros.
4 Palavra na língua Nguni Bantu da África do Sul.

Reflexões: As múltiplas visões do 'Direito à Cidade'

Alexandre Apsan Frediani, Barbara Lipietz, Julian Walker

Desde que Henri Lefebvre usou o termo pela primeira vez, em 1968, o conceito do direito à cidade tem sido bastante utilizado e discutido dentro do campo acadêmico sobre cidades e desenvolvimento urbano. Embora o propósito deste livro seja entender as narrativas das comunidades de base que associam esse conceito, cabe fundamentar e relacionar tais perspectivas a um debate mais amplo sobre o pensamento e a prática do Direito à Cidade.[1] Existem muitas discussões e interpretações concorrentes em torno do conceito de Lefebvre, como por exemplo, se seria uma abordagem analítica ou uma agenda propositiva e conflitos entre interpretações marxistas e libertárias do conceito. Além disso, se discute se apropriação e participação, ideias fundamentais do direito à cidade, deveriam ser determinadas de forma autônoma ou por meio de uma leitura prescritiva de cima para baixo que orientasse sobre quais formas essas deveriam tomar (Lopes de Souza, 2010). Ao mesmo tempo, vários autores têm focado em diferentes aspectos do direito à cidade, tais como o valor de mercado versus o valor social e de uso da terra e da moradia, a privatização insidiosa do espaço público, os processos urbanos de desapropriação por acumulação, e a experiência corporificada da cidade e seus imaginários. Cada vez mais, no entanto, o que esses autores compartilham é uma preocupação com o crescente domínio do capital (e especificamente do capital financeiro) na produção e na experiência do espaço urbano. Em particular, o termo tem 'servido para correlacionar um conjunto comum de assuntos transversais que emergiram de um padrão global específico de acumulação e expropriação' (Görgens and van Donk, 2012:4). Sem dúvida, essa é uma reformulação contemporânea da crítica de Lefebvre aos efeitos sufocantes e alienantes da 'modernidade' – promovidos tanto pelo mercado quanto pelo planejamento urbano *funcionalista* – em uma época marcada pelos efeitos gradativos da desregulamentação generalizada (Morange e Spire, 2015).

Vale destacar que enquanto o conceito tem sido foco no debate acadêmico, ele também foi aderido por movimentos sociais em diferentes escalas, assim como por ONGs e alguns órgãos públicos (como foi o caso do Estatuto da Cidade no Brasil) para articular um conjunto de demandas. O conceito teve especial adesão entre atores da sociedade civil em discussões dentro dos Fóruns Sociais Mundiais, que culminaram na Carta Mundial do Direito à Cidade em 2005, e ganhou energia com a formação da Plataforma Global pelo Direito à Cidade em 2014 (Plataforma Global pelo Direito à Cidade, 2015).

No entanto, existe um debate sobre a aplicabilidade do direito à cidade para movimentos sociais. Muitos grupos da sociedade civil não se mobilizam em torno do termo – por exemplo, a rede Just Space representada neste volume, escolheu o tema "Reivindicar nossos Espaços" como forma de influenciar as decisões e ações políticas. Em muitos casos a hesitação em usar a terminologia do direito à cidade é baseada na visão de que a linguagem de 'direitos' pode comprometer a possibilidade de construir parcerias e alianças produtivas que levem à distribuição de recursos e de oportunidades na cidade. Algumas redes, particularmente na África ou Sul e na Ásia, justificam, em contraste com a América Latina, que argumentos fundamentados em direitos não são apropriados em contextos onde não há confiança e dependência de instâncias legislativas, executivas e judiciais do estado para a garantia de direitos. Justificam ainda que o direito à cidade pode criar divisões improdutivas entre lutas urbanas e rurais em contextos onde as experiências urbanas são muito diversas e vinculadas a movimentos rurais-urbanos, como nas cidades africanas.

Os capítulos deste volume fazem uma contribuição importante para a compreensão de como atores da sociedade civil têm (ou não) adotado o conceito de direito à cidade: mostrando tanto a relevância do conceito e os modos como mulheres e homens têm expandido o termo – tornando-o relevante para suas vidas cotidianas, suas lutas e desejos por serem reconhecidos e se tornarem parte da cidade, ou, em muitos casos, o utilizando em uma linguagem completamente distinta para expressar as tensões e experiências das suas lutas urbanas.

Nesse sentido, vale a pena analisar quantas das contribuições deste livro ecoam e/ou reconfiguram áreas de debate da literatura acadêmica. Por exemplo, uma área de divergências em relação ao acesso e a apropriação diferenciada da cidade, para além do enfoque original de Lefebvre sobre classe, pode ser sintetizada na provocação de Fenster sobre a 'noção de direito à cidade a partir da crítica feminista, baseada na perspectiva de gênero, que argumenta que a identificação do direito à cidade não dá atenção suficiente às relações de poder patriarcais' (2005: 217). Certamente, muitos dos autores neste volume destacaram suas experiências particulares do direito à cidade que se referem às estruturas de exclusão construídas em torno de gênero e também de raça, deficiência, identidade sexual e etnia. No entanto, ao mesmo tempo que enfatizam suas experiências pessoais e o direito à diferença, autores deste livro também destacam o direito de serem tratados como iguais, como 'iguais' a outros moradores da cidade – nas palavras de Ana Caminha "ser tratada na Gamboa como você é tratada na Graça, no Corredor da Vitória, na Barra" ou, conforme o foco da campanha dos Ciganos e Viajantes de Londres 'Somos todos muitas coisas', para que não sejam vistos somente pelo prisma de uma só identidade (estigmatizada).

Além disso, as contribuições neste livro se desdobram da questão da exclusão, para também celebrar as reivindicações e estratégias únicas de mobilização de grupos específicos como os de mulheres negras, de ciganos e viajantes, de pessoas com deficiência e pessoas LGBTQ+, muitas vezes inseridas em histórias, lugares ou vidas particulares: mulheres líderes de comunidades negras urbanas pesqueiras; comerciantes imigrantes construindo uma comunidade em um lugar estrangeiro, ou; artistas e performers das periferias da cidade. Um elemento interessante que surge dessas narrativas são as estratégias específicas de engajamento descritas (muitas delas presentes em Salvador e em Londres). Assim, a ideia de 'diversão' como um espaço de política para ativistas LGBTQ+, a importância de celebrações como o carnaval de Notting Hill para legitimar imigrantes em Londres, e a obstrução lúdica e subversiva dos corredores do Parlamento do Reino Unido da DPAC em Londres, refletem a importância de celebrações comunitárias assim como acontece no espaço de solidariedade no Nordeste de Amaralina, e a criatividade, arte e cultura como elementos vitais para a política urbana de Saramandaia e do Acervo da Laje. Sem dúvida, essas experiências ecoam as ações de Lefebvre relativas ao 'ouvre' que estão no centro dos processos de criação da cidade.

As contribuições deste volume também sugerem que, onde os atores de base se mobilizam em torno do conceito de direito à cidade, em vez de usá-lo como um 'termo de trabalho e ideal político' (Harvey, 2008), eles talvez o estejam abordando como um 'ethos de engajamento' (Frediani; a partir de Marcuse, 2010; Sugranyes and Mathivet 2010) que orienta formas particulares de mobilização para a produção de uma cidade mais equitativa. Esse 'ethos de engajamento' pode ser definido em relação a três características, cada uma delas evidente de diferentes maneiras nas narrativas apresentadas pelos autores deste volume.

Primeiramente, é um conceito abrangente que permite a conexão e o compartilhamento de diversas experiências de exploração geradas por processos de desenvolvimento urbano liderados pelo mercado. Embora, como colocado acima, muitas das narrativas que desafiam os processos de exclusão neste livro estejam relacionadas a circunstâncias e identidades específicas, há temas comuns referentes à expansão do mercado e à retração do papel do estado na garantia de direitos dos habitantes da cidade. Por um lado, são relatos de deslocamento baseados na mercantilização da cidade (para a indústria do turismo no Pelourinho, para a especulação imobiliária no caso dos espaços noturnos da comunidade LGBTQ+ e dos espaços de comerciantes imigrantes em Londres, ou planos de desenvolvimento de 'Alphavilles' em Saramandaia). Por outro lado, são relatos da diminuição do escopo do estado para promoção de direitos – seja para subsidiar pessoas com deficiência e provisão de moradia, ou de sítios para ciganos e viajantes em Londres, ou para prover infraestrutura básica e serviços em comunidades como a Gamboa, o Nordeste e Saramandaia em Salvador.

Em segundo lugar, a preocupação com a mudança do papel do estado e do mercado em construir, manter e distribuir os ônus e benefícios das nossas cidades se expressa nos esforços dos grupos de base em se manifestar contra as desigualdades urbanas desafiando suas causas mais profundas. Como foi articulado por Marcuse, o direito à cidade 'leva a um exame do que faz o sistema funcionar, o que produz a dor e o que produz os benefícios que ele alcança, quais são suas fraquezas e seus pontos fortes – além da simples análise das causas e dos problemas individuais e subsistemas que produz' (Marcuse, 2010: 89). No entanto, como as contribuições neste livro destacam, essas causas implícitas são complexas e múltiplas, estando associadas aos legados coloniais, ao racismo estrutural, à exclusão política de grupos específicos e à política que apoia o desenvolvimento urbano em função do crescimento econômico.

Por último, o direito à cidade como ethos de engajamento reflete o trabalho de grupos da sociedade civil em articular visões alternativas para o desenvolvimento urbano. O ethos de engajamento do direito à cidade diz respeito a assimilar e reconhecer as diversas articulações desse conceito, ao invés de incorpora-las a uma única visão de cidade. Portanto, o direito à cidade é frequentemente entendido não como um projeto definido, mas sim como uma rede de reivindicações e mobilizações lideradas por grupos de base interessados em vincular preocupações, práticas e narrativas locais a processos globais. Isso reflete claramente as maneiras pelas quais os grupos e movimentos apresentados neste livro ilustram múltiplas visões e propostas para suas cidades: novas ou diferentes maneiras de habitar a cidade; novos valores e culturas urbanas e; novos modos de expressar cidadania.

No entanto, como esperamos que este livro evidencie, entender o direito à cidade como um ethos de engajamento requer uma abordagem que esteja enraizada nas experiências e reivindicações de lutas dos contextos locais, com relevância e conexões com atores e processos globais. Tais reivindicações, impulsionadas por redes de entidades da sociedade civil (incluindo movimento sociais, associações, coletivos, ONGs, ativistas e acadêmicos) articulam seus próprios discursos e linguagens associadas às lutas para um processo de urbanização socialmente e ambientalmente mais justo. Neste contexto de práticas localizadas, bem como de alianças globais, o direito à cidade emerge como um espaço potencial de encontro, ao invés de um ponto de partida ou chegada; é um ethos e não uma receita.

Note

1 Para ler mais a respeito consulte a bibliografia introdutória sobre esse campo no final deste capítulo.

Referências

Fenster, Tovi. 'The Right to the Gendered City: Different Formations of Belonging in Everyday Life', *Journal of Gender Studies* 14, no. 3 (2005): 217–31.

Frediani, A.A. 'The "Right to the City" as an Ethos of Engagement: Lessons from Civil Society Experiences in the Global South'. In *The Right to the City, the Right to Difference: Methods and Strategies for Local Implementation*, edited by E. Garcia-Chueca. Barcelona: CIDOB Monografias (forthcoming).

Global Platform for the Right to the City. *Guiding Document: Organization and Mobilization of the Global Platform for the Right to the City: Action Plan and Thematic Axes.* São Paulo: Global Platform for the Right to the City, 2014. Accessed 15 February 2019. https://tinyurl.com/z49u6hn

Görgens, Tristan and Mirjam van Donk. 'Exploring the Potential of the "Right to the City" to Integrate the Vision and Practice of Civil Society in the Struggle for the Socio-Spatial Transformation of South African Cities'. Paper presented at the 'Strategies to Overcome Poverty and Inequality: Towards Carnegie III' Conference, Cape Town, 3–7 September 2012. Accessed 1 March 2015. https://tinyurl.com/y2flrkuz

Lopes de Souza, Marcelo. 'Which Right to Which City? In Defence of Political-Strategic Clarity', *Interface: A Journal for and about Social Movements* 2, no. 1 (2010): 315–33.

Marcuse, Peter. 'Rights in Cities and the Right to the City?'. In *Cities for All: Proposals and Experiences towards the Right to the City*, edited by Ana Sugranyes and Charlotte Mathivet, 87–98. Santiago: Habitat International Coalition, 2010.
Morange, Marianne and Amandine Spire. 'A Right to the City in the Global South?', translated by Oliver Waine, *Metropolitics*, 17 April 2015. Accessed 1 October 2019. www.metropolitiques.eu/A-Right-to-the-City-in-the-Global.html.
Sugranyes, Ana and Charlotte Mathivet. 'Cities for All: Articulating the Social-Urban Capacities'. In *Cities for All: Proposals and Experiences towards the Right to the City*, edited by Ana Sugranyes and Charlotte Mathivet, 13–21. Santiago: Habitat International Coalition, 2010.

Bibliografia introdutória sobre o Direito à Cidade

Alves dos Santos Junior, Orlando. O Fórum Nacional de Reforma Urbana: Incidência e exigibilidade pelo direito à cidade (Cadernos do FNRU 1). Rio de Janeiro: FASE, 2009.
De Viveiros e Oliveira, Liana Silvia. 'Práxis de política urbana no Brasil: Movimentos e articulações nacionais e internacionais na construção do direito à cidade'. PhD thesis, Universidade Federal da Bahia, Salvador, 2018.
Fernandes, Edésio. 'Constructing the "Right to the City" in Brazil', *Social and Legal Studies* 16, no. 2 (2007): 201–19.
Fernandes, Edésio and Betânia Alfonsin. 'A construção do direito urbanístico brasileiro: Desafios, histórias, disputas e atores'. In *Coletânea de legislação urbanística: Normas internacionais, constitucionais e legislação ordinária*, edited by Edésio Fernandes and Betânia Alfonsin. Belo Horizonte: Editora Fórum, 2010.
Friendly, Abigail. 'The Right to the City: Theory and Practice in Brazil', *Planning Theory and Practice* 14, no. 2 (2013): 158–79.
Harvey, David. 'The Right to the City', *New Left Review* 53 (2008): 23–40.
Lefebvre, Henri. *The Production of Space*, translated by Donald Nicholson-Smith. Oxford: Blackwell, 1991.
Lefebvre, Henri. *Writings on Cities*, translated by Eleonore Kofman and Elizabeth Lebas. Oxford: Blackwell, 1996.
Lima, Adriana Nogueira Vieira. *Do direito autoconstruído ao direito à cidade: Porosidades, conflitos e insurgências em Saramandaia*. Salvador: EDUFBA, 2019.
Marcuse, Peter. 'Reading the Right to the City', *City: Analysis of Urban Trends, Culture, Theory, Policy, Action* 18, no. 1 (2014): 4–9.
Purcell, Mark. 'The Right to the City: The Struggle for Democracy in the Urban Public Realm', *Policy and Politics* 43, no. 3 (2013): 311–27.
Purcell, Mark. 'Possible Worlds: Henri Lefebvre and the Right to the City', *Journal of Urban Affairs* 36, no. 1 (2014): 141–54.

Lightning Source UK Ltd.
Milton Keynes UK
UKHW052359190320
360614UK00003B/12